三教九流

【圖說古中國職人排行榜】

翟文明◎編著

好讀出版

前 言

「三教」的說法起自三國時代，指的是儒、釋、道三教派。儒家，孔子所創學派，並非宗教，只是其教化民眾的社會功能與宗教相通。釋，即佛教，發源於古印度，於東漢時期傳入我國，在中國廣闊的土地上生根發芽，年深日久，與中國本土文化融合，演變成為中國佛教。道教於東漢時創立，是中國真正土生土長的宗教。它以黃老學說為基礎，博採各家之長，融合神仙方術、陰陽五行學說於一體。

在中國長達兩千五百多年的社會發展史和思想文化史上，儒、釋、道三者的地位非常重要。儒是一切學術思想的根源和基礎，並成為國家管理和人們生活依據的原理、原則和規範，對社會結構、典章制度、思維方式、思想觀念等方面都有深遠的影響。道教和釋教都曾在中國歷史上得到過統治階級的尊崇，深入中國民心，是傳統文化多元結構中的重要部分。

「九流」的說法，最早見於《漢書‧藝文志》，指的是春秋戰國時期的儒家、墨家、道家、法家、雜家、農家、名家、陰陽家、縱橫家等學術流派。在春秋戰國風起雲湧的社會變革中，各種思想紛紛於歷史舞臺交相爭鋒，形成了百家爭鳴的繁榮景象。儒家、道家、墨家、縱橫家、雜家、陰陽家等傳統文化思想在辯駁交鋒的過程中優勢互補，融合成為中華傳統文化的核心與根基。

後來，「三教九流」逐漸演變為對古代社會階層和職業的區分，其內涵亦發生了變化，特指封建社會各個階層從事不同職業的人。人們把「九流」分為三等：

上九流：帝王、聖賢、隱士、童仙、文人、武士、農、工、商。

中九流：舉子、郎中、巫士、丹青（賣畫人）、書生、琴棋、僧、道、尼。

下九流：師爺、衙差、升秤（秤手）、媒婆、走卒、時妖（拐騙及巫婆）、盜、竊、娼。

古代職業的形成源遠流長，個個都有獨特的發展歷程，蘊含著一段生動有趣

的故事，也因此成為一種超越時空、貫通古今的文化現象，成為中華五千年文明的一個重要組成成分。「三教九流」呈現給我們的是一幅鮮活的社會歷史畫卷，反映出中華文化中的平民色彩和士人特色相互交融的獨特風貌。透過對其文化內涵的挖掘，我們可以更加深刻地認識到中華傳統文化多元融合的特徵，獲得更多的社會文化知識，也正是基於這樣的認識，為了滿足讀者對這方面知識的渴求，我們企劃編寫了這本《三教九流》。

　　本書著重介紹了儒、釋、道三教和優伶、宦官、流氓、幫會、娼妓、乞丐、賭博、風水先生與算命先生、商賈等九種封建社會職業。書中擯棄了將三教與九流截然分開、舊九流分等級的觀點，簡明扼要地闡述了中國傳統三大教派的起源、教義、重要人物及其影響；同時，選取了九個最典型的古代職業，描述了這些職業的產生、發展、主要職業特徵以及該行業的著名人物，以客觀的態度來探討社會職業的文化內涵，集知識性和趣味性於一體，雅俗共賞。

　　為了便於讀者閱讀，在每一部分的開篇都列有介紹重要代表人物的表格，正文中穿插著許多有趣的小知識，並以專題的形式闡釋重要知識。另外，還精選了近300幅契合文意的插圖，圖文並茂，讓讀者耳目一新，既學到了知識，又獲得了精神上的愉悅體驗。本書力求透過通俗流暢的敘述語言，結合科學的體例、豐富的圖片、簡約的版式以及別具匠心的設計，呈現給讀者一份新鮮的文化大餐，希望能對讀者的人生有所助益。

卷四　娼妓 ── 賣笑送歡，遺恨青樓

卷五　宦官 ── 殘缺的人，陰暗的心

乞丐 ——另類職業，簡單人生　　　　　卷六

商賈 ——日進斗金，匯通天下　　　　　卷七

風水先生和算命先生 ——測算陰陽，看相測字　　卷八

目
錄 contents

卷一　道冠古今，德侔天地

秦漢之前的儒家，從嚴格意義上講並不能稱之為「教」，先民說「魯人以儒教」中的「教」其實是「教化」之意。而孔子開創的儒家學說其宗旨也在於教化天下臣民。

「仁」「禮」之學

——儒教的創始與繼承

　　秦漢之前的儒教從嚴格意義上講並不能稱之為「教」，先民說「魯人以儒教」中的「教」其實是「教化」之意；而孔子開創的儒家學說，其宗旨也在於教化天下臣民。

　　任何一種宗教或意識形態的出現都不會由某個大徹大悟的聖人憑空臆造出來。儒教的正源是孔子及其創立的儒家學說，但在此之前，「儒」的某些思想、觀點已經萌芽。

　　中華民族自古以來就在長江、黃河流域繁衍生息，遠古時期就產生了類似宗教的信仰。早期多以崇拜部落神、氏族英雄人物為主。一些現實中的人物被神化，連同祖先以及人們想像中的「天帝」一起被供奉、祭祀。隨著社會組織的成熟和日趨完備，人們意念中的天國也逐步建立起來。它以「天帝」為中心，由神話人物構成組織體系。久而久之，祭祖先，敬天神，二者緊密結合，凝為一體，並發展成為中華民族早期信仰的核心——「敬天、法祖」。

　　「敬天、法祖」的思想信仰經過長時間的發展，堯、舜、禹、湯、文、武、周公逐步將其規範為「禮樂之道」。尤其是周文王「明德慎罰，不敢侮鰥寡」的思想，和周公在〈康誥〉等文中反復提到的「康民」、

「保民」、「裕民」、「庶民」等觀點，以及二者共有的「天命」觀對後來儒學的形成影響很大。春秋時期，「周禮」發生了質的飛躍。孔子繼承了這種天命神學和祖宗崇拜的傳統信仰，並將其加工發展成為強調「尊尊」、「親親」的儒家學說，以期鞏固專制的宗法制度。這些學說基本上構成

了儒教的思想淵源和理論基礎，但此時的儒學、儒家還僅僅是一種與當時的「諸子百家」進行爭鳴的政治倫理學說、流派，尚不能稱為「教」。

然而，由於儒家學說維護宗法制度的本質在根本上便符合封建統治者的需要，只要稍加改造就可以為其服務。於是儒家學派的後繼者順應時代潮流，繼承了「儒」家思想精華的同時並對其加以改造，使儒家不僅發展成為儒教，甚至一度成為實際上的中國國教。

繼承和發展儒學的人物首推孟子。這位魯國貴族後裔繼承了孔子的天命思想和德治思想，並將其與政治聯繫在一起，即把「親親」、「尊尊」、「長長」的原則運用於政治，以此作為緩和階級矛盾、維護封建統治的手段。他曾說：「天下之本在國，國之本在家，家之本在身。」這就是「修身、齊家、平天下」的淵源。由此可見，孟子的思想對後世有深厚的影響。

漢代的董仲舒在漢武帝的支持下，「罷黜百家，獨尊儒術」。儒家不再與「百家」為伍，一躍成為意識形態主流。自此，儒教的哲學思想體系與中央集權封建宗法國家政體緊密結合，形成綿延數百年的漢學。漢末三國、兩晉南北朝時期，「三綱」、「五常」被儒教說成是萬世不變的規範。宋明時期，儒教的思想學說積極配合中央集權的強化，這時興起的程朱理學、陸王心學等儒教的新教義強調對統治者盡「愚忠」，對個人則要求「存天理，滅人欲」。這些學說一直影響到後來的中國社會，在很大程度上鉗制了人們的思想，導致了近代中國國力的衰弱。有鑑於此，清末的民主志士激烈地反對儒家學說，以至於五四運動中，新民主主義者提出「打倒孔家店」的口號。

儒家是中國古代文化的骨幹。我們應該以批判繼承的科學態度看待儒家，站在歷史的角度對其進行分析、評判，最終達到吸收其精華、揚棄其糟粕的目的。

孔子

春秋末期的思想家、政治家、教育家，儒家學派的創始人。少年時立志向學，魯定公時由中都宰遷司寇且參與國政，因不滿魯國執政者季桓子而周遊列國，宣傳自己的「仁」、「禮」等政治主張，以維護貴族階級制度。現存《論語》記錄了孔子及其弟子的言論，是研究早期儒家思想的主要資料。孔子被後代統治者推崇為「至聖先師」。

天地君親師

——儒教的教義

　　儒教既然作為宗教，就要有自己的教義，以此規範、引導信仰者的思想和行為，同時也作為傳教的載體。具體而言，儒教的教義就是以孔孟之道為核心的儒家學說。

　　儒教是一種宗教，而又不同於一般的宗教。這一點體現在教義上就是，儒家學說不僅被儒家學者信奉並以此作為立身行事的規範，而且日益成為中國人思維模式、生活方式、思想觀念的主體部分。儒教教義中的規範潛移默化地滲透到每個人的內心深處，影響著每一個人的言談舉止。

　　那麼，儒教的教義為什麼有這麼大的魔力呢？究其根源，在於儒教自始至終將神祕的宗教世界觀與占主導地位的封建制度融為一

天人感應帛畫 漢

此為馬王堆漢墓出土的帛畫。漢代，董仲舒闡述了「天人感應」的理論上；他認為天與人之間存在著象與數的關聯，天與人是同類的，是可以彼此感應、互相影響的。從此，「天人感應」論被歷代封建王朝納入上層建築與社會意識形態之中。

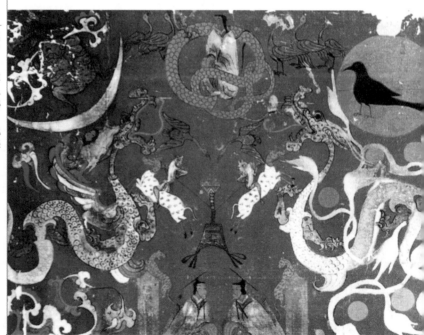

社稷壇五色土

社稷壇是明清帝王拜祭土地神及五穀神的地方。圖中所示為社稷壇壇體，壇上鋪築五色土壤，依據五行五色之說，代表金、木、水、火、土五種物質以及全國五方疆土，表示「普天之下，莫非王土」。土壇中央立有方形「社主石」，又名江山石，表達了皇帝祈求天地神靈保佑他「江山永固」的心願。

體。這種政治神學倫理觀歸納起來就是「天地君親師」。「天」是世間萬物的主宰，對其旨意只能順從，不能違背；簡言之，「順天者昌，逆天者亡」。西漢初，董仲舒在宣導「獨尊儒術」的同時，亦提出「天人感應」以神化皇權。皇帝稱天子，上天的兒子也就理所當然主宰人間。

另外，人們在陷入絕境後，就只能哀嘆「天不佑我」。楚漢相爭，最後項羽失利被圍於垓下，萬般無奈之際還沒有忘記說：「此天之亡我，非戰之罪也。」三國蜀漢諸葛亮六出祁山未獲成功，臨死之際只得仰天長嘆：「悠悠蒼天，曷其有極！」可見，「天」在人們心目中占有何其崇高的地位。

地與天相對，天「尊」則地「卑」，但地仍然排在人之前，所以有「天地人」之說。天為陽、為剛，地為陰、為柔。天地交合而生萬物，地是世間萬物的承載者，因此也不能小覷。一般「天地」並稱，此所謂「上有天，下有地」，信天、尊天怎麼能不信地、尊地呢？

天地之間，就是人，人分尊卑長幼。誰為尊呢？自然是「君親」。「君」當然就是君主、皇帝、封建社會的最高統治者；「親」指的是親祖，即祖上先人或長輩。「君親」構成了封建宗法制度的核心，人生在世，要以「忠君孝親」為本事。其實這正是儒家提出「天地君親師」的本意所在，甚至可以說前面的「天地」也僅僅是為了烘托、渲染後面的「君親」而已。因為這裡的天和地僅僅是意念上的東西，而「君親」可

是實實在在、看得見摸得著的。還有一點需要指出的是，君親畢竟是兩個概念，孰前孰後，孰重孰輕？儒教的大師們早注意到這個問題，老早就提出「君」在「親」先，忠孝不能兩全時，自然要先「忠君」而後「盡孝」。在封建社會，這似乎已經是千古不變的道理。

「忠君孝親」的關鍵目的達到以後，「師」又作何用呢？在儒教的教義中，「師」的地位也是非常崇高的，自古就有「一日為師，終身為父」之說。因為「師」是「天地君親」的代言人。「師」有時具體指孔子，有時又指傳道授業解惑的老師。他們擔負著向人們，尤其是下一代講解、灌輸「天地君親」的神聖使命。鑒於此，儒教不斷地強調「師道尊嚴」。

為了使儒教的教義更加體系化，更加具體化，南宋的朱熹把經典的儒家著作《大學》、《中庸》、《論語》、《孟子》定為「四書」，又把《詩》、《書》、《禮》、《易》、《春秋》定為「五經」，並稱「四書五經」，尊為歷代讀書人的必修科目。

孔子塑像（左頁圖）

這座塑像在山東曲阜孔廟大成殿內。在孔子塑像前一鎏金寶座上立有一牌位「至聖先師孔子神位」，在塑像之上高簷處掛有「斯文在茲」、「萬世師表」等牌匾。塑像兩側有孔子最為得意的11名弟子和南宋著名理學家朱熹的塑像。這些牌位、牌匾以及群儒塑像都在強調孔子「師」之地位的崇高和人們對「師」的尊崇。

「三綱」「五常」

——儒教的倫理觀

　　儒教之為教，其主旨就在於教化「愚民」（古代統治者對老百姓的慣稱），而教化愚民的一個重要的手段則是為其建立起一定的倫理觀。儒教的倫理觀簡而言之，就是「三綱」、「五常」。

　　三綱、五常的提法最早見於西漢初年董仲舒的《春秋繁露》。書中說「君為臣綱，父為子綱，夫為妻綱，乃《春秋》之大義也」。由此可見，這與孔子的「君君、臣臣、父父、子子」之說有一定的關聯。法家的代表人物韓非子也曾指出，「臣事君、子事父、妻事夫」為「天下之常道」。「三綱」「五常」的連用則始於宋代的朱熹，其實「五常」的內容——仁、義、禮、智、信，早已體現於先秦諸子百家的學說之中。

　　「三綱五常」是在宋代時明確提出的，其根源可以上溯到先秦、兩漢，然而它出現的直接原因是程、張「天理」和「氣學」的進一步發展。朱熹在繼承和改造該理論的基礎上，融進了佛、道的思辨觀念，提出「理本氣末」、「理先氣後」的哲學思想。根據這一思想，他說，「仁義禮智，豈不是天理？君臣，父子、兄弟，夫婦，朋友，豈不是天理？」最後在其《文集》中歸結為「其張之為三綱，其紀之為五常，蓋皆此理之流行，無所適而不在」。「三綱五常」的倫理觀自此確立。但朱熹又指出，不僅要講「形而上之道」，更重要的是將這些「道」實踐於「形而下之器」，即應用於老百姓的日常生活中。

春秋繁露

　　西漢著名學者、政治家、思想家董仲舒所注《春秋》名《春秋繁露》，主張全面總結秦亡之教訓和漢初的弊政，反對「休養生息」的無為而治，極力推薦和強化統一的「法度」，提出「罷黜百家，獨尊儒術」的主張。董仲舒融合了儒家思想與陰陽學說，建立了「天人感應」的神祕主義理論。

2

3

「三綱」、「五常」的主張

三綱

君為臣綱：臣子絕對服從，效忠君王；

父為子綱：兒子絕對聽從父親的指示和安排；

夫為妻綱：妻子則被視為丈夫的附庸，理所當然地要「夫唱婦隨」。

五常

仁：要求關愛他人，即「仁者愛人」；

義：要求人們重義，講義，有情有義；

禮：要求言行要合乎禮法，規範；

智：明智、理智，注重學習，善於利用智慧分析、解決問題；

信：誠信不欺，言而有信。

「三綱五常」產生後逐步地成為人們生活中的行為規範，在一定程度上為穩定封建社會的社會秩序起到了重要作用。「三綱」中也是有輕重、主次之分的；君為臣綱，為重，為主；父為子綱、夫為妻綱，為輕為輔，是君為臣綱的補充。與「三綱」並稱的「五常」——仁、義、禮、智、信作為其輔助和補充，是封建社會處理除了三綱涉及的君、臣、父、子、夫、妻之外的社會關係的主要標準和尺度。

如此一來，封建統治者就為自己建立了理想的統治秩序，同時也把人民的思想和言行牢牢束縛起來，嚴重阻礙了中國社會的正常發展。

「三綱五常」構成了儒家倫理觀的核心和主體，為鞏固封建社會、促其穩定與發展起到了重要作用，但演變到後來則僵化為進步思想的桎梏，阻礙了中國社會的發展。

「三綱」「五常」

此長卷形象地展示了「三綱」「五常」的內涵。1君為臣綱，2夫為妻綱，3父為子綱，4仁，仁者愛人，取材自謝安勸哥哥謝奕善待老翁的故事。5禮，取材自景公辭讓的故事。6義、禮、信，取材自孔子行中都的故事。當時，孔子制定制度：尊老愛幼、各行其道、路不拾遺、等價交換、童叟無欺等，這反映了儒家重義、明禮、誠信的倫理觀。

存天理，滅人欲

—— 儒家的思想和修養方法

天地萬物生化的四元素

道：即宇宙萬物的本原、本體，「一陰一陽之謂道」。
氣：指一種極細微的物質，是構成世界萬物的本原。
　　　朱熹認為氣是由世界的精神本原派生出來的。
理：條理、準則，用以稱世界的精神本原，這裡指
　　　「三綱五常」。
器：指有形的具體事物，與道相對。

兩宋時期，儒教正處於形成期和成熟期。此時的儒教思想在封建社會內部處於統治地位。其代表人物程顥、程頤、朱熹則將儒家學說進一步發展，提出了「存天理，滅人欲」的思想。

那麼，何為「天理」、「人欲」呢？所謂「天理」、「人欲」是二程（程顥、程頤）、朱熹從「道」、「氣」、「理」與「器」中演繹出來的。在他們看來，「理」就是「天」，即「天者理也」，簡而言之就是「天理」。二程認為是「天理」生化的「氣」，創造了世間萬物。朱熹在闡述這一問題時，基本上同意了二程的觀點，但又吸收了「太極」的概念。他說，「太極乃天地萬物之理，太極生陰陽，理生氣也」，繼而「氣之輕者便為天，地處中而不動，非為下也」，然後「天地生，五行獨先，繼生萬物」。經過一番周折，天地萬物終於生化出來。

這時還有另外一個重要問題有待解決，那就是人的生化。二程以為「人生於氣」，人自始至終受「氣」的規定和制約。朱熹則說：「人生於二氣五行運行之際。」同時，朱熹還指出，「理一分殊」，萬物有「太極」生化而來，是為「理一」；「太極」又生化出萬物常理，即所謂「分殊」。在這個問題上，二程提出天理「在天為命，在義為理，在人為性」。這就是「天地之性」

和「氣質之性」的思想。朱熹發展了這一思想，認為「天地之性」體現於「理」，是善的；而當「理」賦予每個人身上時，要與這個人初生時的「氣」相交融，才生成「氣質之性」。所以「氣質之性」有善和不善之分。

朱熹把人性分為「天地之性」和「氣質之性」。那麼，這二性又體現在什麼地方呢？他認為，「天地之性」和「氣質之性」都體現在人心，「心，主宰之謂也」、「無心則無以見性」。他進一步在此基礎上指出，「人只一心，知覺從耳目之欲上去，便是人心；知覺從義理上去，便是道心」。朱熹還說，「道心者，天理也」、「人心者，人欲也」。有鑒於此，為了使人樹「道心」，去「人心」，就不得不「存天理，滅人欲」，或者說「革盡人欲，復盡天理」。

二程、朱熹等人的「存天理，滅人欲」思想使得「三綱五常」神祕化，並成為儒教的正統思想和儒家學者的修煉方法。這是封建統治者最希望看到的，因為他們用這種方法達到了蒙蔽民眾的目的。這種思想對中國後世社會貽害無窮。

程頤

北宋哲學家、教育家。程顥之弟，一同求學於周敦頤。反對王安石推行新政，其哲學思想與其兄相近，其學說以「窮理」為主，維護三綱五常，主張「滅私欲，則天理明矣」，鼓吹「餓死事極小，失節事極大」。著有《易傳》等，均由後人收入《二程全書》中。

程顥

北宋哲學家、教育家。曾與其弟求學於周敦頤，並成為北宋理學的奠基者，世稱「二程」。與其弟的學說被朱熹繼承和發展，形成程朱學派。

《二程先生全書》書影

內收二程著的《定性書》、《識仁篇》、《易傳》等書，還有後人所輯《遺書》、《文集》、《經說》等。

祭孔大典

——儒教的宗教儀禮

「佾舞」是一種行列整齊的祭祀舞蹈。按規矩，皇帝太廟才能使用八佾舞制，但因孔子受封為文宣王、至聖王，而且為萬世師表，所以也採用八佾舞。八佾，每列八人，共八列六十四人。東西佾面向北，為正立：樂舞生左手執籥，右手執雉翟，依樂章之字，每字一動，八音齊奏。

　　儒教像其他宗教一樣有著自己的禮規儀式。它的宗教儀禮主要是祭孔大典，這種儀禮源遠流長，從古至今，影響深遠，從中國到東亞，直至世界各地。

　　祭孔大典最早可以追溯到漢代。漢武帝時，由於實施「罷黜百家，獨尊儒術」的政策，儒家學說從此獨領風騷。儒家學者和崇尚儒學的人便開始在全國大興祭孔大典，在祭祀的過程中還刻意地吸收了一些其他宗教的儀規，使之宗教色彩更加濃厚。經過歷代沿革、繼承，祭孔大典的儀式日益複雜化，到了東漢章帝（76-88年）時，朝廷還命人

特製了「六代之樂」在大典上演奏，以彰顯孔子的功德。後來，祭孔大典在人們心目中不僅僅是對孔子的祭奠，更成為一種崇敬先賢和傳統文化的象徵性儀式，漸漸地被稱為「國之大典」。李唐王朝的玄宗皇帝加封孔子為名正言順的文宣王，從此祭孔活動更加升級。出於加強中央集權和對人們的思想控制，從宋代開始祭孔的規模扶搖直上，明代已達帝王的規格。清代，儘管統治者是滿人，在歷史上與孔子沒多少淵源，但為了籠絡人心，使祭孔達到巔峰。但近代以來，尤其是五四運動以後，孔子及其所代表的儒學已成舊思想，不斷受到批判，祭孔大典便隨之銷聲匿跡。

歷史總是不斷向前發展的，近些年來，隨著確立了傳統文化批判、繼承的正確觀點，人們經過反思，認為孔子及其代表的儒學有諸多可取之處，甚至是構成了中國乃至東亞古典文化的基礎和靈魂，於是又恢復了祭孔大典，以弘揚傳統文化。2004年9月，中國大陸的祭孔大典第一次由民間自發組織祭祀改為官方公祭，這也體現了中國政府對傳統文化的重視。28日上午（孔子誕辰2555周年紀念日），在孔子故里山東曲阜孔廟內舉行了盛況空前的祭孔大典。就在孔老夫子生前講學的杏壇之上，再現了「千古禮樂歸東魯、萬古衣冠拜素臣」的歷史盛況。整個祭祀大典持續了一個多小時，大體上分為開廟、祭孔遊行、樂舞表演以及各界人士的祭拜等幾個部分。這次祭孔大典不僅有國人參加，還有20多個來自世界各國（地區）的孔子誕辰紀念觀禮團參與其中。可見，孔子和儒學的影響早已深入世界。

在中國的祭孔活動進行地如火如荼時，鄰邦韓國每年也在春秋兩季舉行盛大的「釋奠大祭」，紀念中國孔子誕辰。在韓國，孔子也被尊奉為「大成至聖文宣王」，受到頂禮膜拜。同時，遠在大洋彼岸的美國加州也於每年的教師節舉行祭孔活動，以此勉勵教師誨人不倦。

由祭孔大典的規模和廣度不難看出，孔子及其代表的儒學已經成為中華兒女精神內涵中不可或缺的一部分，並且不斷向周邊地區、海外擴展，是世界文化的重要淵源之一。

祭孔大典

2004年紀念孔子誕辰2555周年祭祀大典，在孔子故里山東曲阜孔廟進行，場面十分莊重。圖中大成殿前擺放了祭祀用的牛、羊以及其他物品，祭祀人員均為古代儒生打扮，靠近大成殿的方陣正欲行跪拜之禮，後面的方陣則在古樂中跳起了八佾舞。人們用這種隆重而傳統的方式表達對孔子的敬仰與懷念之情。

龐大的孔廟建築
——儒學者的朝聖地

在傳統文化中，儒家文化是主體，是根源。而孔子是儒家的開創者，在深受儒家文化影響的人們心中的地位至高無上，理所當然要膜拜、供奉和祭祀。祭祀的場所就在孔廟，而孔廟無論是選址還是建築都比較講究。

孔廟在全國各地都有，海外也多有分布，亞洲地區孔廟的總數約為2000座。其中最為正式、規模最大的當屬孔子故里山東曲阜的孔廟。它位於曲阜城的中央，最初是在孔子故居的基礎上改建起來的，後來發展為一座龐大的古代建築群，氣勢雄偉、格調清新、色彩斑斕，盡顯東方建築的魅力。孔廟的主體建築處在一條南北中軸線上，院落分前後九重，布局分為東西三路，南北全長超過1300公尺，寬近150公尺，總面積達14萬平方公尺。建築群中有建於金、元、明、清各代的殿閣、門坊、亭堂，共100多座。孔廟還保存著孔子當年親手栽種的檜樹和開鑿的水井。廟內至今還有魯壁碑和其他碑刻共計1000餘塊，以及杏壇和詩禮堂。

孔廟的歷史極其悠久，孔子逝世的第二年，故居就被改造為廟宇。經歷朝歷代的多次擴建，規模越來越大，到明代中期已初具現在的規

孔廟杏壇

杏壇為紀念孔子辦學設教而修建。此處原為孔子舊宅教授堂遺址。東漢明帝東巡，過孔子故宅，親御此堂，命皇太子及諸王講經堂上，成為孔廟正殿殿基。宋天禧二年（1018年）正殿北移擴建，此處「除地為壇，環植以杏，名曰杏壇」。金代於壇上建亭。

模。孔廟是作為推崇孔子、光大儒學的宗廟，主祭孔子，同時還以孔子弟子、孟子弟子——「四配」、「十二哲」以及歷代的名儒從祀。歷代皇帝為表示對孔子和儒學的尊崇還親赴曲阜祭奠孔子，大致有漢高祖、光武帝、明帝，北魏的孝文帝，唐高宗、玄宗，宋真宗，清聖祖、高宗等12位皇帝到曲阜拜謁。

　　孔廟在國內受到上至皇帝下至黎民的朝拜，在國外同樣廣受當地人的拜謁。在韓國，首都首爾景福宮的東北有一處成均館，館內的文廟就供奉著孔子、顏子、曾子、子思、孟子等儒家先聖。在那裡，每年春秋兩季都舉行盛大的「釋奠大祭」，以祀孔子，弘揚儒家。另外，分布在朝鮮半島、越南、新加坡、印尼、日本、美國等國的近2000座孔廟，每年都要接受成千上萬人的朝拜、參觀。

　　現在的孔廟不僅是儒家的祭祀場所，還是儒家學者和熱愛儒學之人的朝聖之地，孔廟對於這些人而言就如同麥加之於穆斯林。同時，孔廟還是我國傳統文化的象徵。

韓國人人愛孔子

　　在韓國，孔子的名字家喻戶曉，有將近80%的人信奉儒教或受過儒教思想的薰陶。時至今日，儒教在韓國仍占據主導地位，孔子「為國盡忠，敬信節用，愛民如子，忠孝為本」的思想已融入韓國人的血液，成為國家發展和個人進步的精神能源。以儒家文化為背景的韓國文化產業更計畫到2007年躋身世界五大文化產業強國的行列。

登泰山而小天下的孔子

── 儒家的祖師

　　孔子是當之無愧的儒教祖師，因為儒教是從他發端，然而這絕對是他自己始料未及的。因為孔子登上祖師的位子走過了一段漫長的歷程，從生前的不得志，到死後不久被推崇讚譽，再到後世的被神化，最終才被奉為祖師。

　　孔子（西元前551－前479年），生活在春秋時期的魯國。據考證，孔子的祖上原是宋國人，曾任大司馬的職位，後來避亂逃到魯國的陬邑，並在此定居。孔子的父親叫叔梁紇，母親叫顏征在。叔梁紇能征善戰，是魯國當時的名將，官至陬邑大夫。66歲那年娶了不足20歲的顏征在，後在陬邑昌平鄉（今山東曲阜城東南）生下孔子。據說，夫妻二人曾為生子而禱於尼丘山，故名孔子為丘，又因孔子排行老二，故字仲尼。孔子很命苦，3歲時父親就亡故，其母顏征在不得不攜孔子移居曲阜闕里，艱難度日。孔子17歲時，母親又去世了。

　　孔子少年就勤於讀書，並精通禮、樂、射、御、書、數之術。他學習的突出特點是學無常師，既請教過郯子，又問禮於老聃，還向萇弘、師襄學習過音律，30歲時就以博學而聞名，開始講學。後從政，曾任

魯國的司空、大司寇等。54歲時曾率弟子周遊列國，卻四處碰壁。年老後返回魯國，致力於教育事業及文化典籍的編纂。晚年的孔子被尊為「國老」，受到尊重。

孔子對教育的貢獻是巨大的，他首創私人講學，宣導「學而不厭，誨人不倦」、「有教無類」的教育思想和「溫故而知新」、「知之為知之，不知為不知」、「學如不及，猶恐失之」等學習精神，對後世影響很大。他一生桃李滿天下，俗稱弟子三千，賢者七十二。整理過的文獻典籍有《詩》、《書》、《禮》、《樂》、《春秋》等。他提出「仁」的主張，反對苛政，宣導周禮。他的主張還包括遵「忠恕之道」、「己欲立而立人，己欲達而達人」、「己所不欲，勿施於人」以及「執兩用中」的中庸之道。同時孔子也宣導「尊天命」、「知天命」、「畏天命」的思想。

孔子的這些思想儘管在生前沒有受到重用，但從漢代開始，儒家學說從爭鳴的百家中脫穎而出，竄升到統治地位，孔子也隨之不斷被抬高、神化。漢平帝封孔子為「褒成宣尼公」；唐玄宗封其為「文宣王」；元代封為「大成至聖先師文宣王」；明朝又加封為「大成至聖先師」；清朝統治者又別出心裁地封孔子的先世五代為王。在追封的同時，歷代帝王還不忘親自到曲阜拜謁孔廟。

孔子在國內不斷被加封的同時，在國外也享受著「至聖先師」、「萬世師表」的尊號。他開創的儒家文化，於西漢之後被奉為官方意識形態，直至封建社會終結，而且早已超越國界，在亞洲東部一帶廣為傳播，甚至一度受到西方思想家的強烈關注。

孔子的聖跡

《聖跡圖》是一套關於孔子生平事蹟的連環畫，產生於明代，始於《尼山致禱》，終於《漢高祀魯》，共36幅，作者不詳。

1、職司乘田

孔子曾經擔當過季氏司職吏。在他管理時期，牲畜都很興旺，這大概就是孟子所説的「有了乘田（指孔子）而牛羊茁壯」。

2、適衛擊磬

孔子去衛國途中路過蒲縣（今山西南），與弟子擊磬，有挑簣的人路過，説：「這是有心人呀！」又説：「可悲的是有些人只知道擊磬琤琤作響而不知音樂中的寓意。太深了讓人覺得音樂淒厲，太淺了所有人都能聽懂而顯得音律沒有深度。」孔子説：「確實是這樣啊，做到深淺適度的確是很難呀！」

3、宋人伐木

孔子離開曹國，路過宋國，在大樹下與弟子練習禮法，宋國司馬要害他，欲拉倒那棵樹，弟子們說：「可以離開這裡嗎？」孔子鎮靜地說：「天地賦予我德行，司馬能把我怎麼樣呢？」

4、靈公問陳

魯哀公二年，孔子從陳國返回衛國，衛靈公詢問陳國的事，孔子說：「軍事方面我還沒有學，明天再回答你吧。」這時，靈公看到有大雁飛過，抬頭凝視，心思已不在孔子身上，孔子覺得受到了輕視又返回了陳國。

歷代儒家聖賢
——儒家代表人物

　　自孔子開創儒家學說以來，儒家思想貫穿整個封建社會的始終，並且一直居於統治地位。期間，儒家出了一大批代表人物，不斷地整理、編纂儒家經典，不斷地推動儒家學說前進。

　　論及儒家代表人物，除孔聖人外，就當推孟子。孟子名軻（約西元前372－前289年），字子輿，生活在戰國時的鄒國。他生活的時代社會動盪不安，思想也非常活躍。孟子一方面繼承了孔子的思想，另一方面又有所發展，例如提出了「仁政」的學說。孟子對儒家學說的發展貢獻很大，被後人尊為僅次於孔子的正宗大儒，稱之為「亞聖」。他的主要著作《孟子》是以記言為主的語錄體散文，其中不乏長篇大論，氣勢磅礴，論證嚴密而機智。對後世的散文寫作產生了深刻的影響。

　　董仲舒（西元前179－前104年），廣川（今河北棗強）人，是西漢初的儒學大師，早年潛心鑽研孔子學說。漢武帝時，主張「罷黜百家，獨尊儒術」，被漢武帝採納，形成此後二千餘年的封建社會都以儒學為正統思想的局面。他宣揚「天人感應」說，神化皇權，還提出「三綱五常」的封建倫理觀。董仲舒的代表著作為《春秋繁露》，全書共17卷，書中著力發揮「春秋大一統」之說，構架了「天人感應說」為核心的哲學——神學理論，為漢代中央集權的封建統治制度提供了深厚的理論基礎。

　　「二程」是程顥（1032－1085年）、程頤（1033－1107年）的共稱，均為北宋時期的儒學宗師。他們合著有《二程集》。書中把「理」作為宇宙的本體，認為萬物由其氣化而生，認為人性是理、氣結合物，他們指出「天命之性」都具有善質；而「氣質之性」因氣有清濁之分，故有善與不善之說。他們在詮釋張載的「聞見之知」

孟子

戰國時期的思想家、政治家、教育家。少年受業於孔子之孫子思，周遊宋、滕、魏等國。政治上主張「法先王」、「行仁政」、「減刑法」，並認為「民貴君輕」；在經濟上要求統治者恢復「井田制」、「輕徭薄賦」，以達到百姓「不飢不寒」之目的；在世界觀方面提出「先知先覺，後知後覺」、「勞心者治人，勞力者治於人」。他的學說對後世儒家影響很大，被認為是孔子學說的繼承者，尊為「亞聖」。

時，認為「聞見之知」就是物交物而知，同時又補充道，親身經歷的「真知」和間接獲得的「常知」是有一定差異的。比「二程」稍後的朱熹（1130－1200年）更是光耀千古的儒學大師。

朱熹，字元晦，號晦庵，別號紫陽，南宋江西婺源人。他少年時就開始精心研讀儒家主要著作，廣泛涉獵各家學說，19歲便登進士第，一度為官。後潛心學術，致力於著書立說，教書育人。在哲學思想上，他在二程關於理氣關係的學說基礎上建立了一個完整的客觀唯心主義理學體系，世稱程朱學派。他的理學認為「理在先，氣在後」。在人性論上，朱熹提出「存天理、滅人欲」。朱熹的代表作是《四書集注》，即朱熹為《大學》、《中庸》、《論語》、《孟子》所作的注。書中繼承了儒家傳統學說，論述了道、理、性、命、心、誠、格物致知、仁義禮智等哲學範疇及其關係。《四書集注》影響極其深遠，成為欽定的教科書和科舉考試的標準。

與朱熹同時代的陸九淵（1139－1192年），字子靜，撫州金溪人，是著名的心學家。他宣導「心即理」說，主張「吾心即是宇宙」，認為天理、人理、物理都在人心之中。明朝的王陽明（1472－1528年），繼承和發展了陸九淵的「心即理」的理論，認為「良知」即是天理，在此基礎上創立了「存天理，去人欲」的「致良知」學說。同時他又摒棄了程朱的「知先行後」的觀點，提出「知行合一」、「以知代行」的思想。王陽明所處的時代，封建社會已走到了末葉，各種矛盾逐漸激化，原來的程朱理學趨於僵化，存在的意義僅在於應付科舉，而王陽明的學說恰好符合了這時的社會現實，因而很快推廣開來。

在儒學漫長的發展歷程中，除了以上談到的幾位關鍵性代表人物之外，還有戰國時期的荀子，宋代的周敦頤，明末清初的黃宗羲、顧炎武、王夫之都對儒學的發展有著突出貢獻。這些不同時期的儒家代表人物，在繼承前人成果的基礎上，加上自己的發揮，促使儒學不斷成熟、完善。

程門立雪

「程門立雪」是講尊師的典故。程顥的弟子楊時追隨程顥學習。不久，程顥故去，臨死前囑咐楊時去投奔弟弟程頤。楊時與同學游酢來到程頤的伊川書院時，正遇上程頤閉目養神。楊時與游酢沒有叫醒程頤，恭恭敬敬站在門口。此時，天降鵝毛大雪，積了厚厚一層，二人仍在靜靜地等候。

揚也帝王，抑也帝王
——歷代統治者對儒家的態度

　　中國的儒家學說從來就不是民間的學問，從孔子開創儒家學說到滿清末年康、梁對儒學的改造，無不戳刺著統治者敏感的神經。反過來，統治者對儒家的態度也深刻影響著儒家自身的命運，同時也關乎社會的發展動向。

　　生活在春秋時期的孔子一手締造了儒家學說，並與其弟子們周遊列國，宣傳其「仁」的學說。由於他的那一套並不適合當時的社會現實，結果四處碰壁，還險些丟掉性命。稍後的孟子基本上繼承孔子的作法，遊說各國的君主。雖說戰國時期封建制度已經萌芽，但守舊的貴族勢力畢竟還沒有退出歷史舞臺，所以儒家的「亞聖」也遭盡了冷落，最後不得不以著書講學了卻殘生。

　　轟轟烈烈的戰國結束了，秦王嬴政依靠法家思想統一了六國，由秦王變為秦始皇，當然對法家情有獨鍾，於繼續採納法家人物的政治主張，對儒家則毫不客氣地「焚書坑儒」。結果不久秦因暴政而亡。顛覆了秦朝的西漢統治者看到了秦朝暴政的後果，自己如何治世，又一時拿不定主意，這時儒生陸賈趁機獻上「仁政」學說，高祖皇帝龍顏大悅，遂有了《新書》十二篇，儒學自此登堂入室。漢代惠帝（西元前194－前87年）明確廢除原來禁止家藏儒書的法令，到了文帝和景帝時便堂而皇之地設立了儒學博士。

　　漢武帝在位期間，儒家的地位徹底改觀了，他毫不猶豫地採

秦坑儒谷

坑儒谷在西安市臨潼區韓峪鄉洪慶堡，是秦始皇抑制儒學發展的見證。

納了一代鴻儒董仲舒「罷黜百家，獨尊儒術」的建議，使儒家學說一躍成為正統的意識形態和官方的統治思想。原因很簡單，維護宗法制度的儒家學說恰好適合中央集權的封建專制政體。從此，儒家學說正式與封建政權緊密結合在一起，再也沒有分開過。因而儒學被稱為封建統治者的護身符。

天有不測風雲，由大一統的兩漢進入三國、魏晉南北朝的大動盪大分裂時代，這時的中央集權被嚴重削弱，儒家學說也因此失去了官學的地位，只能與道家的玄學和外來的佛教並駕齊驅。

無字碑　漢

此碑置於山東泰山玉皇殿大門西則，高6公尺，寬1.2公尺，厚0.9公尺，形制古樸，不著一字，故名。對此碑有兩種說法：一說因秦始皇「焚書坑儒」，故碑上「一字不鑿」；一說漢武帝登封泰山，為顯示自己「受命於天」、「功德蓋世」的超凡氣概，立碑於古登封台前，史稱「立石」，即今無字碑，至今仍莫衷一是。

及至隋唐重新實現了大一統之後，儒家學說才得以回到正統地位，重新受到重視。鑒於唐末五代地方勢力過度膨脹的教訓，宋代自始至終十分注重中央集權的加強，在思想上大興儒家學說，政治上重用儒生，從而創造了儒家得天獨厚的發展條件。因此，儒家學說進入新的發展階段——理學，在這一領域二程和朱熹的造詣最高。明清時期，中央集權發展到了極致，最高統治者完全把儒家學說納入了政治的軌道，以達到維護集權的目的。如明朝的八股取士，使儒學成了應付科舉的摘句之學；清朝則大興文字獄，使士人三緘其口。至此，學者們的思想完全被政治鉗制，儒學漸漸衰敗、沒落。到了清末，封建制度實在無法支撐，並有康有為、梁啟超等人冀望改造儒家舊有思想，但最終仍化為泡影。

儒家的發展史從奴隸社會末期到封建社會終結，它的興衰成敗與統治者的態度息息相關，而統治者對儒家的態度很大程度上取決於當時的社會發展階段和政治體制。

儒學歷史上的兩大災難

災難一：焚書坑儒

秦始皇統一了六國後，把以前分裂的諸侯國改為郡縣。博士淳于越反對郡縣制，說：「不遵從以前的制度和風俗，是不會長久的。」這種說法引起了爭論。

丞相李斯反對這種說法，認為法規制度應因具體情況而定，古代的制度是不能適用於現今的。同時他又指出淳于越的說法擾亂民心，不利於政令的貫徹執行，應該嚴加禁止。因此，他建議：除官家藏書和秦國史書以外，所有的《詩》、《書》、百家語和史書一律燒掉，有敢談論《詩》、《書》的殺頭；醫藥、算卦、農業的書不燒；禁止私人辦學等。秦始皇接受了李斯的建議，下令焚書，在坑殺了咸陽四百六十多個書生後，又暗想著要把天下的書生全殺了，斬草除根，不留遺患，但又怕書生逃跑，秦始皇就想了個計策。他命令地方官員，訪求各地有名的書生，送到京城以待錄用。不過幾個月，各地方就送來了七百多個想當官的書生。秦始皇命這七百多人都為郎官，把這些書生高興得手舞足蹈。這年冬天，有人報驪山的馬谷中碩果累累。大家都覺得很奇怪，秦始皇就讓這七百多書生去馬谷看一看。這七百多書生到了馬谷一看，果然有幾個瓜果，新鮮得很。大家正在議論時，就聽一聲爆響，隨後石頭像雨點一樣從谷上落了下來，瞬間，這七百多書生就被砸死在馬谷。而所謂的瓜果，是因為馬谷地下有溫泉，所以四季如春。秦始皇密令心腹，先在谷內種瓜果，後來還真的結了果實。這些書生哪裡知道秦始皇的陰險毒計，因而全部屈死在馬谷中。

焚書坑儒是秦王朝想在思想上統一全國，進行愚民的殘暴手段，也是對我國古代文化典籍的一次摧殘和破壞。傳說孔子九代孫為躲避秦始皇焚書坑儒，將孔子詩書藏在故宅夾壁中，得以保存。後人修魯壁以作紀念。

災難二：文字獄

文字獄，是指舊時統治者迫害知識分子的一種冤獄。皇帝和他周圍的人故意從作者的詩文中摘取字句，羅織成罪，嚴重者會因此引來殺身之禍，以至於所有家人和親族都受到牽連，即「誅滅九族」。

清初的皇帝很忌諱胡、蠻、夷等字眼。當時戴名世的《南山集》裡，有詩〈天下己任〉，是歌詠顧炎武的，說他「懾服胡王羞漢臣」。這本集子裡被朝廷認為「大不敬」的字眼還有多處，戴名世因此被殺。呂留良寫的詩裡有「清風雖細難吹我，明月何嘗不照人」的句子，「清」、「明」兩個字多義，可以理解成涼爽的風、皎潔的月，也可以理解成清朝的風、明朝的月，因此呂留良被猜疑為不滿清朝的統治。沈德潛的〈詠黑牡丹詩〉有這樣兩句：「奪朱非正色，異種也稱王。」其中的「奪朱」用的是《論語》裡的典故，可是明朝的皇帝姓朱，「奪朱」就被說成是清朝奪取了明朝的天下；「異種」本來是「奇異之種」的意思，但這裡也被解為「非我族類」的異族，指滿族。所以乾隆皇帝看到此詩時大怒，沈德潛當時已死，就把他的屍體拉出來鞭打一通，以正其大逆不道之罪。

清朝的文字獄，被殺者人數驚人。據記載，僅莊廷鑨《明史》一案「所誅不下千餘人」。從康熙到乾隆就有十多起較大的文字獄，被殺人數之多可想而知。

轉迷成悟，普度眾生

　　佛教發源於古印度，於東漢時期傳入我國，在中國遼闊的土地上生根、發展，年深月久便與中國的本土文化相融合，演變為中國佛教。它的教義可以歸納為百忍成道、離苦得樂。

歷代佛門高僧代表人物及其事蹟

代表人物	主要事蹟	活動時期
佛圖澄	精通犬小乘佛法，深明瑜伽和醫術，大力弘揚佛法。	後趙
道　安	襄陽檀溪寺，致力於注解深奧難懂的佛經，整理失散的佛經，宣講佛法。	前秦
玄　奘	不遠萬里到佛教聖地天竺取經，翻譯佛經，口述《大唐西域記》。	唐
惠　能	禪宗六祖。改造傳統佛學，創立中國佛教禪宗理論體系。	唐
克勤大師	一生精勤求法。著《碧岩錄》十卷，還有《圜悟佛果禪師語錄》傳世。	宋
慧　日	道貌風骨，學識淵博。1369年受明太祖朱元璋召見，人稱「白眉法師」。	明
敬　安	中華佛教會第一任會長。曾燃去二指、割臂肉燃燈供佛，人稱「八指頭陀」。	清末

百忍成道，離苦得樂

——佛教教義

　　佛教發源於古印度，於東漢時期傳入我國，在中國遼闊的土地上生根、發展，年深月久便與中國的本土文化相融合，演變為中國佛教。它的教義可以歸納為百忍成道、離苦得樂。

　　佛教有道在於忍，因為只有忍，才能成就善業，摒除惡業。如果不能忍的話，就必然會招致許多煩惱，佛教將其細化為：「貪」、「嗔」、「癡」，謂之「三毒」。三毒是修行善業的主要障礙，而消滅三毒，即做到不貪、不嗔、不癡，就必須克制自我，就得忍。佛教講「百忍」才能成道。關於「百忍成道」有一個典故。故事說，古代有一位修行善業的張公，極善隱忍，家裡五代同堂。他發下宏願，一生要忍百辱。許多年過去了，他已經忍過99次恥辱。他的重孫新婚之日，從遠方來了一個道士，提出無理要求：要先與新娘子度新婚之夜。張公勸其孫兒成全道士，以實現忍百辱之願。而道士在夜裡並未行非禮之事，只是在新房中跳躍不停，嘴裡還念叨：「看得破，跳得過……」，天亮倒地而死。大

魔女炫媚　印度繪畫

魔王波旬為了破壞釋迦的修煉，派自己的女兒在釋迦面前施媚，做出各種妖冶的姿態來迷惑釋迦。釋迦心如止水，不為所動，終於戰敗魔女，進入禪定。

家驚訝，過來一看，道士變成了金人。百忍而成金，可見佛教「忍」的境界之高。

佛教教義的另一個關鍵在於離苦得樂。佛教修行的最終目的是轉迷成悟，而要轉迷成悟，「離苦得樂」是必經之路。佛教認為人一生下來就是苦，因此嬰兒一出生先是哭。出生以後，人的一生都要面對生、老、病、死等諸多劫難，還是苦。這些劫難造成的苦處如此深重，如何才能擺脫呢？人們世世代代苦苦探求，想盡一切辦法，盡了最大的努力，尋找通往幸福的道路，結果卻是越陷越深，最終陷身苦海，無以自拔，只能怨天尤人。有鑒於此，佛教說「苦海無涯，回頭是岸」。「回頭」為何？就是向佛，世間萬物，一切都是虛假的，無常的，只有佛性是真，皈依佛教才能離苦得樂。因為只有佛教導人們清心寡欲，不要自尋煩惱。按佛的指示，依戒、定、慧的法道修行，才能從痛苦中解脫出來，轉迷成悟，到達極樂世界。

百忍成道，離苦得樂，旨在勸導人們一忍再忍，潛心修行，以此脫離有生之日的諸多苦難，等到轉迷成悟，到達極樂世界，實現最終的離苦得樂。

初次說法　印度繪畫

鹿野苑初次講道，標誌著正法時代的開始。

揭示佛教要旨的唐卡

此幅由死神閻摩轉動的《生命之輪》被繪製在唐卡上，唐卡是佛教徒修禪定時常用的內觀工具。

十二因緣：外圈的插圖用以說明十二因緣，佛陀認為，人生是一個念念不住的流轉過程，具體表現為「三世兩重因果」，亦即由過去世之惑業，感現在世之苦果；由現在世之惑業，感未來世之苦果。

天道：天道中的天人是幸福而短暫無常的；佛陀是白色的，手抱琵琶。

阿修羅道：阿修羅道中的戰爭是由眾生妒忌而起；佛陀是綠色的，身著戰士甲冑。

死神閻摩：印度神話中亡靈的審判者。他是太陽神的兒子，是第一個死去並去到達神界的人。他的都城在南方地下的閻摩城。亡靈到來後，大臣向他報告死者在陽世的經過。他據以判定死者的靈魂或升入天上的祖靈世界，或下降到二十一層地獄，或投胎轉世。其形象隨佛經傳入神國民間，被稱為閻羅王或閻王。

人道：人道是六道中最重要的一道，其特徵是生、老、病、死周而復始；眾生自私、無知而賣婪；佛陀是黃色的，正在講說菩提是心的功德。

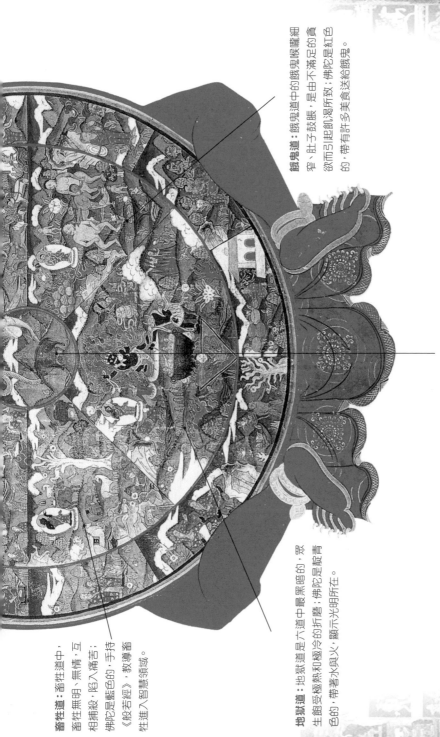

餓鬼道：餓鬼道中的餓鬼喉嚨瘦細窄，肚子鼓脹，是由不滿足的貪欲而引起飢渴所致；佛陀是紅色的，帶有許多美食送給餓鬼。

生命之輪中央是人類三種最根本的煩惱，亦稱「三毒」；貪（豬）、瞋（蛇）、癡（公雞）

所謂「貪」，即貪愛、貪欲、貪念；即由此起惡造業；所謂「瞋」，即由於眾生妄生我法之分、妄執人我之見，故於人於事起憎恨之心，而造出惡業；所謂「癡」，即因愚昧無知、不明佛教之理，而入生死輪迴中，備嘗人生的種種苦難。貪、瞋、癡等煩惱皆因欲望而起，也成為人類種種痛苦的根源所在。

地獄道：地獄道是六道中最黑暗的，眾生飽受極熱和極冷的折磨；佛陀是藍青色的，帶著水與火，顯示光明所在。

畜牲道：畜牲道中，畜牲無明、無情，互相捕殺，陷入痛苦；佛陀是藍色的，手持《般若經》，教導畜牲進入智慧領域。

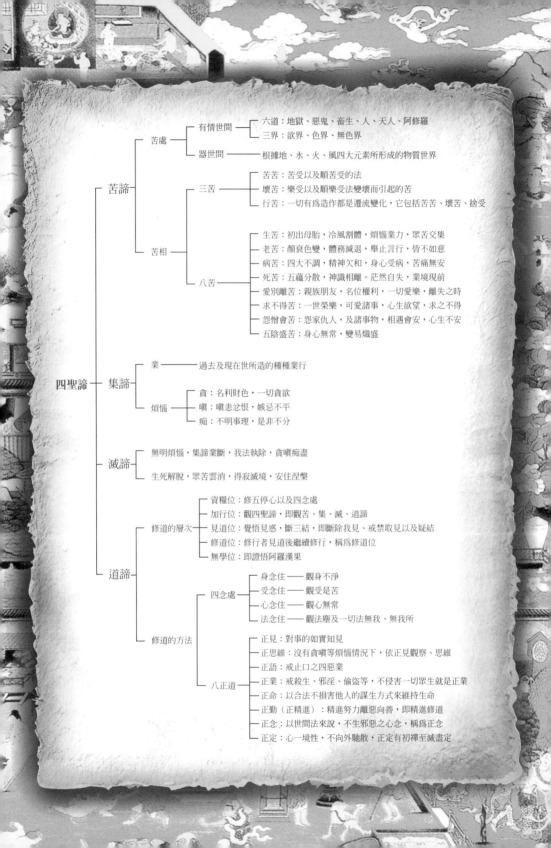

四聖諦

苦諦
├─ 苦處
│   ├─ 有情世間 ─── 六道：地獄、惡鬼、畜生、人、天人、阿修羅
│   │   三界：欲界、色界、無色界
│   └─ 器世間 ─── 根據地、水、火、風四大元素所形成的物質世界
├─ 苦相
    ├─ 三苦
    │   ├─ 苦苦：苦受以及順苦受的法
    │   ├─ 壞苦：樂受以及順樂受法變壞而引起的苦
    │   └─ 行苦：一切有為造作都是遷流變化，它包括苦苦、壞苦、捨受
    └─ 八苦
        ├─ 生苦：初出母胎，冷風割體，煩惱業力，眾苦交集
        ├─ 老苦：顏衰色變，體務減退，舉止言行，皆不如意
        ├─ 病苦：四大不調，精神欠和，身心受病，苦痛無安
        ├─ 死苦：五蘊分散，神識相離。茫然自失，業境現前
        ├─ 愛別離苦：親族朋友，名位權利，一切愛樂，離失之時
        ├─ 求不得苦：一世榮樂，可愛諸事，心生欲望，求之不得
        ├─ 怨憎會苦：怨家仇人，及諸事物，相遇會安，心生不安
        └─ 五陰盛苦：身心無常，變易熾盛

集諦
├─ 業 ─── 過去及現在世所造的種種業行
└─ 煩惱
    ├─ 貪：名利財色，一切貪欲
    ├─ 瞋：瞋恚忿恨，嫉忌不平
    └─ 痴：不明事理，是非不分

滅諦
├─ 無明煩惱，集諦業斷，我法執除，貪瞋痴盡
└─ 生死解脫，眾苦雲消，得寂滅境，安住涅槃

道諦
├─ 修道的層次
│   ├─ 資糧位：修五停心以及四念處
│   ├─ 加行位：觀四聖諦，即觀苦、集、滅、道諦
│   ├─ 見道位：覺悟見惑，斷三結，即斷除我見、戒禁取見以及疑結
│   ├─ 修道位：修行者見道後繼續修行，稱為修道位
│   └─ 無學位：即證悟阿羅漢果
└─ 修道的方法
    ├─ 四念處
    │   ├─ 身念住 ── 觀身不淨
    │   ├─ 受念住 ── 觀受是苦
    │   ├─ 心念住 ── 觀心無常
    │   └─ 法念住 ── 觀法塵及一切法無我、無我所
    └─ 八正道
        ├─ 正見：對事的如實知見
        ├─ 正思維：沒有貪瞋等煩惱情況下，依正見觀察、思維
        ├─ 正語：戒止口之四惡業
        ├─ 正業：戒殺生、邪淫、偷盜等，不侵害一切眾生就是正業
        ├─ 正命：以合法不損害他人的謀生方式來維持生命
        ├─ 正勤（正精進）：精進努力離惡向善，即精進修道
        ├─ 正念：以世間法來說，不生邪惡之心念，稱為正念
        └─ 正定：心一境性，不向外馳散，正定有初禪至滅盡定

諸行無常，諸法無我

—— 佛教的宗教理念

　　佛教的宗教理念——諸行無常、諸法無我，很大程度上反映了佛教的世界觀和思維方法。對於這兩個問題，佛教是從「空」和「緣」著手分析昇華的。領會「空」和「緣」的深意，對於佛教修行是至關重要的。

　　首先說「諸行無常」。行，就是各種各樣的事物及其運動狀態。諸行，則指宇宙間萬事萬物及其存在狀態。所謂的諸行無常，就是說宇宙間的事事物物從古至今總是川流不息的轉變、生滅不停的變換。這就是諸行無常的內在含義，是佛教對世界的理解。日常生活中，世間萬物有生就有滅，用的器物有做成的時候，就有損壞破舊的時候；一年四季，有寒冷乾燥，就有溫熱潮濕；蒼茫大地，有高原山地就有河流湖泊，而每一種事物無時無刻不向著自己的對立面轉化。這種周而復始的變遷，佛教將其抽象為「諸行無常」。佛教以這種理論引導眾生瞭解「空」的意義，要人們順著法性的真理去領悟「空」理，不要陷入造苦的罪業。敬告人類要想出世，最終離苦得樂，必須時時修業進德，領悟不生不滅的佛性，止於至善，才能達此目的。

　　其次說「諸法無我」。如果能悟到「諸行無常」，那麼「諸法無我」便可以水到渠成。理解「諸法無我」關鍵在於「法」字。「法」，可以通俗地理解為宇宙萬物運行的本質規律，佛教稱之為「緣」。所謂「諸法」，就是指宇宙、人生的萬事萬物皆是因緣而合。有了緣，便可以相互依存；離了緣，無論多麼複雜的事物「其性則空」。接下來的「無我」作

骷髏幻戲圖

南宋李嵩畫。畫的主題為生死轉化及因果輪迴。畫家將畫一分為二，生死各半，左側為一大骷髏，裝束如傀儡，含死之意，右側為一趴在地上的小孩，含生之意。大骷髏耍小骷髏吸引小孩，骷髏身後一袒胸婦人餵哺嬰兒，神色不安，與小孩身後伸手阻攔的婦人形成對照。

西方淨土變　敦煌壁畫
唐

《西方淨土變》壁畫表
現了喜樂昇平的極樂世
界：中坐如來，上有天女
散花，彩雲繚繞，下有天
人演奏，輕歌曼舞。瓊
樓玉宇，亭台水榭，一
幅花團錦簇、絢爛華麗
的景象。

何解釋呢？「無我」，籠統地說，就是離開固執的成見。固執的成見，
按照佛經上的說法稱之為「我見」。　具體而言，「我見」可以從「人見
我」和「法見我」兩個方面來解釋。「人見我」指的是由「有情」而產生
的「執見」，如我、人、壽者、眾生等，有時也稱之為「我執」；而「法見
我」指的則是由「法」而產生的「執見」，如處、界、執、蘊等，有時稱
之為「法執」。而無論「人執」抑或「法執」都是因緣而合，緣散則離。
在這個意義上講「諸法無我」，旨在從兩個方面破除「我見」。

　　「諸行無常，諸法無我」分別從「空」和「緣」兩個角度闡述了佛
性的真諦，是佛教宗教理念的核心所在。領悟這個理念，對於佛教修
行至關重要。

天上天下，唯我獨尊

—— 佛祖釋迦牟尼

對於宗教而言，教祖是至關重要的，每一個宗教都要樹立其至高至尊的教祖，以號召、團結教眾，並吸引教外之人入教。佛教的釋迦牟尼就是這樣一個天上天下，唯我獨尊的教祖。

根據佛教的記載，釋迦牟尼於西元前623年五月月圓之日，降生在印度的迦毗羅衛國。父親是該國的國王淨飯王——一位性情淡泊、專注於治理國家的明君。王后端莊秀麗、溫柔賢淑。夫妻二人恩愛和諧，但摩耶公主直到45歲時才為淨飯王生下太子。太子出生前，王后夢見一隻口含白蓮花的六牙白象從天際飄降身旁，最後從左肋進入她的身體。不久，王后就產下太子。太子一生下來就會走路，並踏出了七朵蓮花。之後，他作獅子吼道：「天上天下，唯我獨尊。」這時產房外面，天花飄落，九龍吐水。國王以為神人下降，遂取其名為「悉達多」。

悉達多10多歲就與鄰國的公主結婚，在深宮大院裡過著奢侈的生活，榮華富貴對他一點吸引力都沒有，29歲的一個月圓之夜，他放棄奢華的生活，告別妻兒，踏上了追求真理的道路。

在阿納瑪河邊，他剃掉頭髮，披上袈裟，開始了修行的生涯。此後，他經歷了各種極端嚴峻的考驗，6年不知不覺就過去了。在35歲生日那天的夜裡，他豁然覺悟：奇哉，奇哉！大地眾生皆有如來智慧德相，但以妄想執著，不能證得。自此，人們尊稱悉達多「佛陀」，聖號為「釋迦牟尼佛」。

佛初生雕像 印度

相傳剛出生的釋迦牟尼腳踏蓮花，一手指天，一手指地，並且用如「獅子吼」的聲音莊嚴宣告：「天上天下，唯我獨尊！」此雕塑現藏於布達拉宮。

釋迦牟尼剃髮修行

悉達多到了深山之後，用金刀剃掉了自己的頭髮，表示自己要將一切煩惱斷盡，同時脫掉自己的錦衣，同獵人交換，然後穿上獵人的粗布衣服，表示苦修的決心。

　　悉達多成佛以後，在印度北部傳教說法45年。西元前543年，釋迦牟尼佛在又是五月的月圓之夜涅槃。在此以後，佛教繼續在廣大的地域內傳播。西元前3世紀前後，佛教傳入斯里蘭卡，然後向東進入緬甸，再經由緬甸傳到東南亞；向北它進入西藏，繼而向西進入阿富汗及中亞地區，向東傳入中原。佛教傳入中原以後發展快速，之後又傳入日本和朝鮮。佛教在傳播過程中，教徒越來越多，最終成為世界三大宗教之一。

　　隨著佛教的傳播和發展壯大，佛教的開創者——釋迦牟尼佛在人們精神生活中的影響也越來越大。很多時候，釋迦牟尼成了佛教的代稱，儒、釋、道三教中的「釋」指的就是佛教。

佛、菩薩、羅漢、天神
—— 佛教諸神

　　佛教的諸神從上到下按照果位的高低，依次分為佛、菩薩、羅漢、天神四大類別。這四種神明構成了佛教信仰世界的組織體系，也成為佛教修行者嚮往的目標和修行的動力。

　　在佛教的神祇體系中，「佛」是果位最高的修行者，也是佛教信仰世界的最高統治者。小乘佛教中，佛是佛陀的簡稱，指達到自覺、覺他（使眾生覺悟）、覺行圓滿的修行者，其實就是釋迦牟尼。後來隨著大乘佛教的興起，佛教教義更加豐富，佛的隊伍也壯大起來。佛不再單指釋迦牟尼，而是分為釋迦牟尼應身、法身、報身三身佛；以後又出現了「豎三世佛」、「橫三世佛」、「正方佛」、「過去七佛」等各種佛，

釋迦牟尼佛及脅侍的眾菩薩像佛教

圖為佛光寺東大殿保存的唐代塑像。釋迦牟尼全身貼金箔，袈裟圖案精緻而華美，法相莊嚴而慈祥，四周菩薩瓔珞飄然，面容豐盈，姿態各異，布局生動、自然。

雍和宮「五百羅漢山」

羅漢山位於法輪殿宗喀巴（喇嘛教黃教創始人）銅塑像後，高5公尺，寬4公尺，厚30公分，由紫檀木精雕而成。山上的佛門五百弟子是用金、銀、銅、鐵、錫五種金屬鑄成。

佛教神祇體系

第一階層：佛陀，指釋迦牟尼佛、彌勒佛、阿彌陀佛、燃燈佛等。

第二階層：菩薩，指文殊、普賢、彌勒、地藏、金剛手、虛空藏等。

第三階層：羅漢，指四羅漢、十八羅漢、五百羅漢、八百羅漢。

第四階層：天神，指四大金剛、哼哈二將、護法等。

佛的隊伍空前擴大。現在寺廟中經常供奉的有釋迦牟尼佛、彌勒佛、阿彌陀佛、藥師佛、燃燈佛等。

佛的下一個果位就是菩薩，菩薩指那些沒有達到「覺行圓滿」，只達到自覺、覺他境界的修行者，用《佛經》上的話說就是「修持大乘六度，求無上菩提，利益眾生，於未來成就佛果的修行者」。菩薩的職責是作為佛的助手，即根據佛的教義，按照佛的宗旨去解救眾生於水火，將其度化到極樂世界。為人們所熟悉的菩薩有文殊、大勢至、普賢、彌勒、地藏、金剛手、虛空藏、除蓋障等「八大菩薩」。

羅漢，是「阿羅漢」的簡稱，處於佛教神祇體系第三階層，數量比佛和菩薩都多。但在小乘佛教的教義中，羅漢是普通修行者所能達到的最高果位。至於羅漢的職責，大乘佛教認為是在人世間弘揚佛法。最初羅漢有四位，他們接受佛祖的遺命，為弘揚佛法住世而不涅槃。佛教傳入中原的早期，有十八羅漢。19世紀以後，羅漢逐步增加到五百個、八百個。

天神是佛的護衛神，其果位次於羅漢，且數目眾多，除了比較著名的四大金剛（又稱為四大天王）、哼哈二將和韋馱等護法天神之外，還有天眾、龍眾、夜叉、阿修羅、迦樓羅、緊那羅、乾闥婆等護衛神，這些護衛天神共同組成強大的護法軍團。

佛、菩薩、羅漢、天神共同組成了完整的佛教神祇體系。人們根據這些神明，在佛教的寺廟裡塑成各式各樣的神像，供佛教修行者和信仰者頂禮膜拜。這些神明往往成為人們精神的寄託。

釋迦牟尼像 唐卡

此圖長68公分，寬59公分，為齊崗畫派風格。絕大多數唐卡表現的是藏傳佛教的主題，是藏教僧尼們修行時必不可少的內觀工具。禮拜唐卡可獲功德，同時也可引發關於佛像義理的聯想。

西域佛教中土化

——中國佛教

任何一種信仰或思想來到中國，它要做的第一件事就是改造自我，適應中國的人文環境，否則難以立足。佛教在傳入中國以後，也是逐漸地適應了中國的大環境後才得以成長壯大，占有一席之地的。

佛教從西域傳到中原，面臨的第一個問題就是中國的綱常倫理對它的管束。印度佛教認為，僧人是方外之賓，故而不應受世俗倫理的約束，甚至見了君王都可以不行跪拜之禮，這一點引起了封建衛道士的強烈抵制。一度被視為「入國而破國，入家而破家，入身而破身」的洪水猛獸。東晉的庾冰首先提出僧人應叩拜君王，結果遭到反對，未能實現。到了南朝宋（420－479年），孝武帝強令僧侶向皇帝跪拜，否則處以極刑，最後僧侶們還是屈服了。前秦的道安對此事總結道，「不依國主，則法事難舉」。後來北魏的高僧法果主動接受了漢地的禮儀，甚至說「太祖明睿好道，即是當今如來」。這種把天子當作佛祖加以膜拜的做法，標誌著印度佛教已經中國化了。這為佛教在新的社會環境中傳播和發展，奠定了必要的基礎。

佛教在協調好與統治者的關係後，還需要與民間傳統充分融合，才能真正在中國的土地上生根發芽。在這方面突出的例子是民間對觀音菩薩的崇拜，菩薩在佛教中只是協助佛普渡眾生，而且是男身。但到中國以後，她竟變成慈眉善目的婦女形象，還被賦予「送子」的功能，許多時候被稱為「送子觀音」。

佛教傳入中國後，僧人的生活方式也發生了一些轉變。印度佛教有一戒叫做「不持銀錢戒」。而在中國，隨著佛教

河南洛陽白馬寺山門

白馬寺有中國佛寺「祖庭」之稱，始建於東漢永平十一年（69年），因漢明帝「感夢求法」，遺使迎天竺沙門迦葉摩騰與竺法蘭回洛陽後，按天竺式樣為兩位沙門所建的精舍。「白馬」之名則取自「白馬馱經」的典故。

的壯大，寺院經濟蓬勃發展，各大寺院占有大量土地的同時，還經營「無盡藏」大肆斂財。許多僧人「居廣廈」、「衣輕裘」，擁有奴婢。這與印度的「苦行僧」相比，簡直是天上地下。中國僧人與印度的僧人飲食習慣也大不相同。按照佛祖的法旨，出家的僧人「日中一食」，晌午以後是不能吃東西的，而中國的僧尼一般是早、午、晚「一日三餐」，更有意思的是印度佛教並沒有禁食葷的戒條。而中國五代的梁武帝蕭衍，不知出於何種原因強迫僧尼一律吃

五臺山和尚

五臺山屬文殊菩薩道場。圖為五臺山顯通寺的和尚，正在做日常性的撥珠誦經。從他的衣著、裝束可以看出西方佛教中土化的痕跡。

素。自此，和尚「吃素」便是約定俗成的規矩，至今，大多數人還以為這是佛教的規定。其實，也就是中國漢族佛教徒吃素，藏、蒙、傣等少數民族佛教徒和其他國家的佛教徒都是吃葷的。

中國佛教徒在穿衣打扮上也有其歷史發展過程。由於印度和中國的地理、緯度不同，氣候各異，所以印度的佛教徒只有「三衣」，即五衣（由五塊布拼成）、七衣（由七塊布拼成）、大衣（少者九塊，多者二十五塊布拼成），而在中國，「三衣」顯然不足以禦寒，所以「三衣」逐漸變成了「法衣」，只在作「法事」時穿，平時穿單衣、夾衣，而且還有棉衣，有時還穿褲子、鞋襪。從這些裝束看，僧尼已經完全中國化了。

在對待蓄髮的問題上，中國的佛教徒也很有特色。他們出家的第一件事便是把頭髮、鬍鬚剃光。而印度的佛教徒，頭髮長到二指都不剃掉。中國的漢族僧人中，也有留蓄長髮的，他們被稱為「頭陀」。在印度，頭陀是一種苦行僧，而中國卻陰錯陽差地把蓄長髮、留長鬚的僧人叫做「頭陀」。這樣的「頭陀僧」，確實是中國漢族佛教的發明創造。

總之，佛教傳入中國以後，必須適應中國的政治環境，積極地與中國原有的民俗、生活方式相配合，融入其中才能紮根、成長、壯大。同時佛教也深刻地影響著中國的文化，二者相互交融，相互影響。

思想宗義的相互碰撞

── 中國佛教宗派的產生

佛教傳入中國後，隨著傳播範圍的擴大，印度佛教的各派思想宗義互相碰撞，並與我國的本土文化相融合，逐漸出現了許多新的佛教派別。這些佛教宗派中有八支實力較強，流傳較廣。

中國佛教的禪學或修禪思想一直廣泛流傳，從東漢到南北朝的多部禪經譯成中文，禪宗成為重要的佛教派別。禪宗的佛教徒主張修習禪定，因此得名。傳說，菩提達摩曾於南朝齊梁間（479－557年）到洛陽弘揚禪法，後到少林寺安心閉關，授弟子慧可等人以《楞伽經》在舒州皖公山傳法於僧璨。後來道信服侍僧璨9年，得此祕法。道信除研習《楞伽經》外，還精通《般若經》，提出了「坐禪守一」的主張，他又傳法於弘忍。弘忍已是第五代祖師，其下禪宗分化為南宗惠能，北宗神秀，人稱「南能北秀」。

佛教另外一大宗派是淨土宗，因專修往生阿彌陀佛淨土法門而得名。淨土思想在印度就有。東漢時傳入中國，初期的經典有竺法護翻譯的《彌勒菩薩所問經》、《佛說彌勒下生經》和支謙翻譯的《大阿彌陀經》等。中國的淨土崇拜分為道安始創的彌勒淨土和慧遠首創的彌陀淨土兩種。其中的彌陀淨土生命力較強，發展到唐代時，善導正式創立淨土宗，尊慧遠為始祖，而慧遠曾在廬山建蓮社弘揚

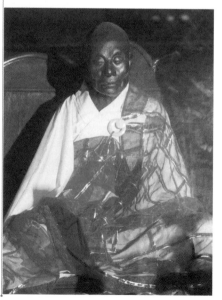

慧能大師真身像

此像藏於廣東韶關曹溪南華寺的六祖殿，是慧能大師圓寂後，由其門人膠漆肉身所成。

山西玄中寺

玄中寺與山西省眾多歷代古剎相比，於建築、雕塑、壁畫等方面都略微遜色。然而，在中國佛教史上，玄中寺的地位卻無可替代。它是唐宋以降，與禪宗並駕齊驅的兩大流派之一的淨土宗發祥地，原寺創於北魏，後來雖經各代戰火牽連，卻屢毀屢建，香火延綿。

往生淨土，因此淨土宗又稱為蓮宗。淨土宗的特點之一是歷代祖師沒有嚴格的前後傳承關係，後人據其弘揚淨土的貢獻把慧遠、善導、承遠、法照、少康、延壽、省常、袾宏、智旭、行策、實賢、際醒尊奉為蓮宗十二祖。

中國佛教比較重要的宗派還有密宗和律宗。密宗因其依理事觀行，修習三密瑜伽而獲得聲望，因此稱之為密宗。密宗思想最早也在印度佛教中出現，三密具體為「語密」（真言咒語）、「身密」（手式或身體姿勢）、「意密」（心作觀想），修行的目的是三密相應，然後即成佛。律宗是由唐代的道宣創立，因著重研習及傳持戒律而得名。其經典主要是《四分律》，也稱為四分律宗。其他的佛教宗派還有天臺宗、法相宗、法性宗、賢首宗，影響也很大。

除了以上談到的八大宗派之外，還有以《成實論》為經典的成實宗和以《俱舍論》為經典的俱舍宗。但這兩個宗派流傳時間較短，影響也不大，一般提到中國佛教的宗派指的就是八大宗派。

另類平凡生活
——佛門中人的日常生活

　　佛門人物的日常生活與俗人無大差別，不外乎衣食住行、吃喝拉撒，只不過是多了修行一項，總體上較為規律而已。同時，他們的生活也與時代結合在一起，因此古代的佛門人物與現代佛教徒的生活內容有一些差別。

　　僧人每天的生活一般從早晨5點（有的更早甚至是3點）開始，大多數以鐘聲和雲板作為號令。如早上起床時間一到，值班僧人就會手執木板環寺而行，同時有節奏地敲響雲板（一般是四聲）。這裡的雲板相當於軍營的起床號。再過一會兒，嘹亮而舒緩的鐘聲就會響起，僧人們紛紛身披袈裟到大殿內聚齊，上香禮佛，開始一天的「早課」。早課的誦經內容大多是《心經》、《大悲咒》、《十小咒》、《韋馱讚》、《上來偈讚》、《楞嚴咒》、《讚佛偈》、《三皈依》等經文，時間持續大約90分鐘。

　　與早課相對的是「晚課」，大多數寺院晚課在下午3點或4點開

西雙版納緬寺內的小和尚

圖中虔誠的小和尚正在做早課。

妙峰山上的和尚在用餐

攝於二十世紀三、四十年代。一桌七個人，共同享用六個素菜一盤饅頭。看來這頓豐盛的素食餐已經讓他們很開心了。

始，也有的在晚飯後舉行。唱誦的內容更為豐富些，除了早課要讀的經文，還要加上《彌陀經》、《懺悔文》、《淨土文》等，最後以唱《伽藍贊》結束。至於晚課的號令形式上與早課相似，只不過是改撞鐘為敲鼓了，這大概就是「暮鼓晨鐘」的由來。

早課和晚課是僧人們主要的修行內容。當然，真正虔誠的教徒修行無處不在，無時不在，但這都是自己用心用功了。除了修行，頭等大事恐怕就是飲食了。千百年來，中國漢族佛教徒的素食習慣基本上沒有改變。他們的主食還是以素麵條、蒸饅、大米稀飯等為主，菜則主要以蔬菜、豆製品等為主。僧人們也有改善生活的時候，這時就吃一些炸油條、五香麵筋、紅燒蘑菇、青豆燉木耳等食物。當然，個別僧人也吃肉，但不在寺院裡，而躲在某個角落吃，有時還以「唐王封過」來搪塞。還有就是僧人們的衣著，大部分僧眾穿的是棉布袈裟，而一般有名望的高僧可以穿毛料、綢緞做的袈裟。

說到現代僧人的生活，與過去有很大不同。用佛門人物的話說，就是「佛教不能脫離現實社會」。因此他們也不排斥電視、電腦、汽車、手機等現代化的生活用品。同時，佛教徒也要保持佛教傳統的僧裝、素食、獨身等習慣。

境幽徑雅

—— 佛山名寺和石窟

　　中國的佛教源遠流長，傳播的範圍也很廣，無論是通都大邑、窮鄉僻壤還是名山大川，都留下了佛教的蹤跡。在歷史的長河中，經過歷代統治者和佛教徒的共同努力，逐漸形成了眾多佛山、名寺和石窟等佛教聖地。

　　我國有四大佛教名山，居於首位的是位於山西省五臺縣的五臺山，該山由東、西、南、北、中五峰組成，因而得名。山上的寺院分為青廟和黃廟兩種，青廟住漢族佛教徒，現有99座；黃廟是藏傳佛教寺院，只住喇嘛，尚存25座。傳說文殊菩薩就曾在此菩薩頂寺修行，五臺山因此揚名天下。其餘的顯通寺、塔院寺、殊像寺和羅侯寺與菩薩頂寺並稱為五臺山五大禪林。另外的三大佛教名山也很有來頭。據說，九華山曾有地藏住持，普陀山是觀音修行之地，而峨嵋山則經常有普賢駕臨，更顯靈聖。除了四大名山之外，廬山、嵩山、泰山、衡山、恒山等名山也有眾多佛教寺廟。

五臺山顯通寺

始建於東漢永平年間（58－75年），名大孚靈寺。經北魏、唐、明擴建，明太祖賜額「大顯通寺」。寺宇面積8萬平方公尺。現存建築為明清形式，規模宏偉，結構奇特。寺內銅殿、銅塔、大銅鐘等為明鑄，非常珍貴。

　　提到中國佛教的名寺，不能不說北依邙山，南望洛水的白馬寺。它是1900多年前佛教傳入中國後，由朝廷斥資興建的第一座寺院，寺內寶塔高聳，殿閣崢嶸，鐘聲悠揚，佛門靜土神聖、肅穆、清幽之氣油然而生。當年（67年）天竺高僧攝摩騰等人應漢使之請，以白馬馱載佛經、佛像抵達東都洛陽。第二年，明帝下詔在雍門外建白馬寺，以銘記白馬馱經之功。該寺建成後，攝摩騰等人在其寺內譯出《四十二章經》，這是我國第一部漢文佛經。從此，佛教在中國逐漸傳播開來。白馬寺在後來很長一段時間裡成為中國佛教的中心，甚至有日本、朝鮮、越南等地的僧人來此拜佛求法。在佛教的傳播與發展過程中，全國各地陸續建起了許多寺院，比較著名的就有開封的大相國寺、北京的臥佛寺、湖北的四祖寺、哈爾濱的

河南洛陽白馬寺

白馬寺是東漢明帝時，為天竺沙門攝摩騰與竺法蘭所建的精舍，寺前宋雕石馬，神態極為傳神。

中華名寺

　　寺，原為中國古代官署。佛教傳入後，專指佛教徒聚會修行和僧人居住的地方。中國佛寺最初是按照朝廷官署的布局建造的，也還有貴族和富人將自己現成的住宅施捨為寺的。它們按地域大致可分為漢地佛教寺廟、藏傳佛教寺廟和南傳佛教寺廟三大類。

　　這些佛寺不管是踞於深山荒野，還是地處平原鬧市，都吸引眾多善男信女前去燒香拜佛，極大地影響了中國的民間文化，推動了佛教在中國的傳播發展。

拉薩布達拉宮

達賴駐樓地，藏傳佛教的寶庫，已成為藏族文化的象徵。

成都昭覺寺

始建於南朝，素有「川西第一叢林」之稱。

入殿禮儀

⊙ 緣左右兩側而入，不可行走正中央，以示恭敬。

⊙ 除佛經、佛像及供物之外，其他不可帶入。

⊙ 唯有誦經、禮佛、打掃、添油香時方可入殿。

⊙ 入殿內要恭敬謹行，不可高聲喧嘩。

雲南瑞麗菩提寺

傣語稱為「奘相」，意為寶磚，是南傳佛教的著名寺廟。

禮佛禮儀

⊙ 禮佛不必立於中間，唯須虔敬禮拜即可。

⊙ 不論佛殿內供有多少佛，通常入殿禮佛以三拜即可。

　　注：大殿正中央的拜墊是住持禮佛用的。

⊙ 禮佛方式可以簡單到流通一部佛經或念佛號，尤其是日本的淨土宗。念咒，特別是西藏的「唵嘛呢叭咪吽」六字大明咒，很受重視。

⊙ 上香時，用大拇指、食指將香夾住，其餘三指合攏，雙手將香平舉與眉齊；上香時以一支為宜，三支亦可，點香時不可用口吹火熄。

北京戒台寺

戒台寺之戒台規模居中國三大戒台之首，有「天下第一壇」之譽。

五台南禪寺

始建於唐代，是我國現存最古老的木構建築。

北京雍和宮

位於北京城內東北隅，是著名的藏傳佛教寺廟之一。

洛陽白馬寺

中國早期的佛寺，有中國佛寺「祖庭」之稱。

嵩山少林寺

菩提達摩曾在此創建新禪法，被尊為禪宗祖庭。

西安大慈恩寺

為保護唐高僧玄奘從印度取來的經卷而修建此寺，內有著名的大雁塔。

湖北當陽玉泉寺

佛門四大叢林之一，為「荊楚叢林之冠」。

上海玉佛寺

緣由僧人慧根曾從緬甸迎回大小玉佛五尊，在上海留下兩尊，並募款建此寺。

安徽九華祇園寺

始建於明，清末時祇園寺極盛，為九華四大叢林之首。

衡山祝聖寺

始建於唐，為南嶽歷史上最悠久的寺廟。

廣東韶關南華禪寺

中國著名佛教寺廟，也是六祖慧能真身所在地。

福州湧泉寺

因寺前有羅漢泉湧出，宋真宗賜額「湧泉禪院」，是福州五大叢林之一。

臺灣龍山寺

臺灣最為古老的佛寺，相傳始建於明萬曆年間（1573－1619年）

香港寶蓮寺

香港的宗教場所眾多，寶蓮寺建築歷史不長，但雄偉宏麗，氣勢非凡。

極樂寺、江蘇的藏海寺，還有藏傳佛教的布達拉宮。這些著名的寺院與其他大大小小的寺廟成為佛教文化在中國地的匯聚交流之地。

佛教除了在名山大川和通都大邑廣建寺院之外，還在懸崖峭壁開鑿了眾多石窟，以弘揚佛教。其中最著名的當屬敦煌莫高窟。它位於河西走廊的西端，開鑿在鳴沙山東麓的斷崖上。從十六國開始，北魏、西魏、北周、隋、唐、五代、宋、回鶻、西夏、元等11個朝代，前後一千多年，陸續開鑿了上千的洞窟，因此又稱為千佛洞。石窟內有數以萬計的壁畫、彩塑、經書等珍品，是我國乃至世界上現存規模最大、歷時最久、內容最豐富的藝術博物館。與敦煌莫高窟並稱的著名石窟還有河南洛陽的龍門石窟和山西大同的雲岡石窟。

這些佛山、名寺、石窟蘊含的不僅僅是佛教文化、佛教藝術，還是我們研究古代宗教、文化、社會、政治、經濟、軍事以及民族關係等歷史的重要形象資料，同時也是留給子孫後代的寶貴遺產。

雲岡石窟第二十窟釋迦像　北魏

從北魏和平元年（460年）起，沙門統曇曜經文成帝同意，在平城（今山西大同）西面的武州塞（雲岡）開始開鑿石窟。曇曜共開鑿五窟，均為穹隆頂橢圓形平面，仿天竺草廬式。建成後，雲岡石窟成為北魏都城附近佛教徒的重要宗教活動場所。

歷代佛教名僧
——佛教代表人物

佛教自東漢明帝傳入中國以來，在漫長的歷史發展過程中湧現許多高僧大德。這些高僧大德有的潛心苦修，有的譯經著說，還有的行善積德造福人類，不斷地將中國的佛教事業向前推進。

對我國佛教影響深遠的高僧大德，首屈一指的是西域龜茲人佛圖澄大師。據說，他曾被一羅漢救助，事後囑咐他向東弘揚佛法。他精通大小乘佛法，而且深明瑜伽和醫術。後趙時雲遊至洛陽，為當時的統治者說佛法，勸其罷戰，使蒼生免受兵革之苦。佛圖澄在中原期間大力弘揚佛法，佛教因而迅速傳播開來。因此，有人說，「中國佛教，實自師始」。

道安是前秦時的高僧。他在襄陽住持檀溪寺，致力於注解深奧難懂的佛經，還整理了一些失散的經典，同時花很多精力宣講佛法，一時間跟隨者很多。前秦王苻堅多次邀請道安未果，後來竟強行擄走道安，將其安頓在長安城的五重寺。苻堅對他敬重有加，使其在長安城安心翻譯佛經，繼續弘揚佛法。道安是當時著名的佛教領袖，對後世產生了極其深遠的影響。

唐代的玄奘法師（602－664年）是繼道安之後的又一位高僧。他俗姓陳，名諱，法名玄奘，又稱為「三藏法師」，不過在民間，人們更習慣稱他為唐僧。他自幼出家學習佛典，後來，玄

奘在研究佛典時，深感當時的漢文典籍殘缺不全，而且表達不清。為此，他不遠萬里西行前往印度取經，歷經千辛萬苦，走過大大小小110個國家，到達佛教聖地——天竺。幾年之後，他攜大量經卷回到長安，從此專心翻譯佛經，並口述《大唐西域記》，為後人留下了寶貴的精神財富。

玄奘 日本人繪

此像由日本佛教徒於鐮倉時代繪成，是根據大慈恩寺大雄寶殿後法堂東牆上的玄奘石刻像所繪，細膩地表現了玄奘當年西行求經的堅韌與信心。

比玄奘稍後的慧能也是一位得道高僧。他是禪宗五祖弘忍的得意弟子，後成為六祖。慧能改造傳統佛學，創立了中國佛教的禪宗理論體系，從而使佛學「中國化」。他的偈語「菩提本無樹，明鏡亦非台，本來無一物，何處惹塵埃」，一語道破了佛性的真諦。

到了宋代，對佛學有著突出貢獻的是克勤大師。他一生精勤求法，四處參訪名師。他曾到五祖山參謁法演禪師，與佛鑒慧、佛眼清遠共論佛法，後世有「演門二勤一遠」之稱。由於其在佛學的造詣，被敕封為「佛果禪師」。為傳播佛法，著成《碧岩錄》十卷，被後世稱為禪門第一書，一度是認識禪門必讀之書；另外還有《圓悟佛果禪師語錄》傳世。

明代有高僧慧日，於1369年與天下聞名的佛學大師一同被明太祖朱元璋召見。慧日大師朱顏白眉，道貌風骨，學識淵博，氣宇軒昂，而又因年齡最大走在隊伍的最前列，滿朝文武為之側目，時人稱之為「白眉法師」。

近代的著名高僧敬安更有特色，他是清末的第一高僧。27歲那年，敬安在寧波阿育王寺舍利塔前為表白自己的向佛之心，竟燃去二指供佛，同時割臂肉燃燈供佛，自此被人們譽為「八指頭陀」。敬安曾任中華佛教會第一任會長。

除了以上提到的高僧大德，歷史上還有鳩摩羅什大師、鑒真大師、寒山大師、智者大師、寄禪大師等名僧，對中國佛教的傳播與發展有卓著貢獻。這些高僧是中國佛教史上的瑰寶。

慧能大師

慧能大師 明

選自明代丁雲鵬繪《法
界源流圖》。慧能大師，
唐代僧人，禪宗南宗創
始人，為禪宗六祖。本姓
盧，出生在今廣東一帶。
據說是個不識字的樵
夫，聽人誦《金剛般若
經》，發心學佛。為弘忍
得意弟子。他畢生弘揚禪
學，宣導頓悟法門。其說
教由弟子彙成《六祖
壇經》。

土生土長，別有洞天

　　道教，是我國土生土長的宗教。中國社會自古以來就是多元的、複雜的，道教植根於這樣的社會，其淵源也必定是博採眾家，由各種思想、觀念匯流而成。

代表人物	主　要　學　說	活動時期
老　子	樸素唯物主義與辯證法思想；以「道」為核心，宣揚自然無為的天道觀和無神論；著《道德經》、《老子》。	春秋戰國
莊　子	繼承老子的學說；所著《莊子》為道教經典，尊為《南華真經》。	春秋戰國
張道陵	創立五斗米道，該道派又稱為正一盟威天師道，為道教的一個重要分支，人稱張天師。	東漢
葛　洪	學習煉丹術，著有《抱朴子》。精通醫藥學，著有醫學典籍《肘後備急方》、《肘後救卒方》、《金匱藥方》等。	魏晉南北朝
陶弘景	開創茅山宗，收集注釋道教經典《真誥》，編注《真靈位業圖》，排列神仙譜系。	隋唐
陳　摶	以博學聞名。其作《無極圖》，成為陰陽八卦道學的主要源淵。	五代時期
王重陽	創立全真教。主張融合儒佛道三教，三教平等，三教團結。	金初
邱處機	繼承王重陽三教合一思想。	宋元時期
張三丰	上知天文，下曉地理，獨創太極拳法，人稱「邋遢神仙」。	元明之際

土生土長，博採眾家

——道教的淵源

道教，是源自中國本土的宗教。中國社會自古以來就是多元的、複雜的，道教植根於這樣的社會，其淵源也必定是博採眾家，由各種思想、觀念匯流而成。

具體而言，道教的信仰主要源於原始社會的鬼神崇拜，上古時期的神仙信仰、黃老之學，以及古代的陰陽五行學說等。首先說鬼神崇拜，原始人對一些自然現象不理解，將其視為神意志的反映加以崇拜，久而久之就形成了鬼神崇拜的思想。由於自然現象是多種多樣的，而且富於變化，所以原始的自然崇拜不是崇拜單一的神，而是多神的崇拜。後世的道教也是多神教，大概就源於此。所謂的「法事」，其中有很多模仿了古人鬼神祭祀禮儀和禮制。

上古時期的神仙方術也是道教的來源之一。上古時期已有人開始學仙；到了戰國時期，神仙信仰已經相當廣泛，出現了許多關於神仙傳說的著作，記載了不少關於仙人、仙境、仙藥等傳說的故事。歷史上有許多帝王都曾派方士到東方各處搜尋神仙及仙藥，神仙信仰發展到東漢中晚期為道教所吸納，這就是早期的方仙道。

方仙道繼續向前發展，並且向「黃老道」過渡。黃老道中的「黃」就是黃帝，「老」就是老子。黃老道的主要理論基礎為黃

太上老君圖

老子被尊為道教之祖。圖中老君被繪成老子像，畫中老子頭部有一輪黃色圓光，身著黃色雲紋衣，腰束紫色長帶，外罩綠色雲紋大袍，兩手合握於胸前，坐在一塊鋪著毛皮的岩石上。

老之學。黃老之學非常古老，大約產生於戰國中期，但到了漢初才逐漸系統化成為無為而治、與民休息的思想（黃老思想），並受到統治者的重視。這時方士們趁勢以黃帝、老子附合神仙學說，奉二人為神仙。自此神仙學說開始與黃老之學相結合，單一的方仙道便向黃老道蛻變。東漢末年，神仙學和黃老學進一步結合，正式形成了黃老道。

無論是方仙道還是黃老道，其歷史觀、宇宙觀都沒能脫離成型於戰國末期的陰陽五行學說。方士鄒衍提出的「五德終始」理論，標誌著該學說的成熟。到了漢代，方仙道索性將陰陽五行學說併入道教教義。

總之，道教的淵源宏觀上主要就是由原始的鬼神崇拜、神仙方術和黃老之學結合、發展的產物，具體修煉方面則大量吸收養生學和陰陽五行說的思想和方法。這些思想、信仰揉合交融，形成了道教的淵源。

洞天問道圖　明

此圖取材於黃帝到崆峒山向廣成子問道的故事，為明代戴進作品。畫中古松參天，老幹虯枝，山谷險徑上，只有黃帝一人跋涉。

枝繁葉茂

——道教派別

　　道教的思想淵源就是多元的，而歷史上統治者以及其他的各種力量和個人又不斷地對其加以利用和改造，因此道教出現後不久就分裂出眾多的組織派別，分別沿著各自的方向發展。

　　道教的發展與社會歷史進程聯繫得十分緊密，不同的歷史時期道教的派別也不盡相同。東漢末年道教主要的派別有符籙派和金丹派。符籙派是早期道教組織中占重要地位的一派，它又分為兩支，即太平道和五斗米道。太平道，以信奉《太平經》而得名，後來在張角的領導下，發動了黃巾起義。五斗米道發展的規模也很大，在自己的控制區域實行「政教合一」的統治，其首領稱為「天師」，教義是「正一盟威之道」，後來該道派分裂為「天師道」和「正一道」。金丹派以金丹作為修道傳教的主要方式，因此得名。

　　魏晉南北朝是道教的大發展時期，在社會的上層和底層都呈現出擴張的趨勢。期間具有代表性的道派是天師道、上清派、靈寶派和樓觀派。天師道由「五斗米道」發展而來，在上層社會勢力較大，不久形成「南

天地水府三官大帝像明彩繪（左頁圖）

五斗米道信奉三官，經常作三官手書，打著為百姓治病的幌子，招攬道眾。

元始天尊塑像

元始天尊位居三清之首，靈寶派以元始天尊為尊。隋唐之際，以為他「生於太元之先，稟自然之氣」，又與開闢天地之盤古混為一談。《歷代神仙通鑒》則以其為盤古之後身，其來歷傳說玄妙，而民間也有將其與老子混為一談者。圖中元始天尊坐於蓮花臺上，背後有雙龍騰飛。

「北天師道」的格局。上清派是這一時期新興的道派，以南嶽魏夫人為第一代尊師。後來傳至楊羲，上清派逐漸壯大。靈寶派在江南一帶興起，它得名於《靈寶經》，表示精氣、神以及文誥等含義。靈寶派到東晉中葉，由葛洪的重孫葛巢甫製造大批經書，廣收門徒，逐漸擴大了影響。樓觀派是魏晉南北朝時道教在西北的代表，它以《道德經》為經典，其傳播的核心是樓觀一帶，因而得名。

隋唐時期道教派別主要是茅山宗，它是上清派以茅山為發展中心的別稱，而且是道教在隋唐時期發展的主流，其實際開創者是陶弘景。陶以後，茅山宗的實力空前膨脹，一些著名的茅山道士如王遠知、潘師正、司馬承禎、李含光等被請到京城，和皇親國戚一起論道，聲威顯赫。

宋元時期南北的道派代表分別是全真道和金丹派南宗。全真道由金初的王重陽創立，主張儒、釋、道三教同流。金丹派南宗是東漢末年金丹派繼續發展的結果。宋元以後，道教的主要組織派別基本上沒有什麼太大的變動，只是此消彼長而已。

陶弘景

陶弘景收集注釋的《真誥》是道教最重要的經典之一。編注的《真靈位業圖》則排列出龐大而完整的神仙譜系。這兩部書對道教走向完備、成熟有巨大的貢獻。

王重陽

全真教的開山鼻祖。他汲取了佛教的愛染緣起說，主張克己忍辱、清修自苦的禁欲苦行精神和嚴執教規的教風，創立了融會貫通儒、釋、道三教的「全真教」。（愛染，佛教語，指貪戀執著。）

紫氣東來
—— 老子其人其書

老子創立的道家學說，成為了道教的主要理論淵源，老子對道教有著無與倫比的貢獻。因此，道教將老子神化為「道德天尊」，將其書《道德經》奉為經典，作為主要理論學說。

老子是一位大眾熟悉和愛戴的偉大思想家。他姓李，名耳，字伯陽，諡號聃，所以又稱老聃，是楚國苦縣（今鹿邑縣）人，大約生活在西元前571年至471年之間，曾做過周朝的守藏室之史。據說，老子幼年時一邊放牛一邊讀書，既聰穎又勤快。後來他出關到秦地講學，途經函谷關，關令尹喜在幾天前夜觀天象，看到東方天際紫霧升騰，於是對人講「紫氣東來，數日之內必有聖人至此」。幾天後，老子果然騎青牛到了函谷關。這大概是道教徒出於神化老子的目的，故意這樣訛傳的。

歷史上的老子學識淵博

紫氣東來圖軸
清　任頤

此圖取材於老子騎青牛西出函谷關的故事。杜甫對此曾有詩云：「東來紫氣滿函谷。」後來演變為吉利之意。圖中老子身著赤衣，顏眉皆白，高額、凸顴、闊耳、長頷，笑意盈盈，童顏鶴髮。

75

老子傳鉛汞仙丹之道圖

圖中所繪為老子坐於崖下石台之上，面前有一煉丹用的三足鼎，鼎中開一圓孔，孔內放出一道黃色光柱，黃光中浮著一粒金丹。弟子立於爐前，傾聽煉丹之道。

而且謙虛。《史記》中講孔子曾向他請教過有關禮教的問題。老子被道教尊為教祖，唐朝統治者信服道教，而自己又與老子同姓，因此自認是其後代。老子遺留下來的著作很少，僅有《老子五千文》（即《道德經》或《老子》）一書。

《道德經》是老子用韻文寫成的一部哲理詩。它是道家的主要經典著作，是老子哲學思想的最直接體現。這本書開創了我國古代哲學思想的先河。在文中，老子闡發、構造了一個唯物主義體系，具有樸素的辯證法思想，宣揚自然無為的天道觀。老子的哲學思想和由他的學說而衍生出的道家學派，對我國二千多年來思想文化的發展，產生了深遠的影響。

老子「無為」的治世思想和「小國寡民」的社會理想，在當時的社會歷史環境下，沒有得到統治者的重視，但對後來道教的形成、發展產生了重大的影響。

危冠切浮雲，長劍出天外

—— 道教人物

　　道教從誕生之初到後來整個發展過程，出現了一系列關鍵人物。正是這些人使得道教根深蒂固、枝繁葉茂，在中國的大地上蓬勃發展。

　　比老子小的莊子也是道教的早期奠基人之一，他對老子道家的思想既有繼承，又有發展。他在理論上繼承了老子的「道」，認為「道」是產生萬物的根源，無所不在，主張順應大道，無為而治。列子生活的年代比莊子要早，其特色是通過寓言的形式告誡修道之人，要虔誠修煉，擺脫人世間貴賤、名利的羈絆，保持內心的澄淨，才能享受真正的快樂、自由和做神仙的美妙感覺。

　　東漢時的張道陵創立的「五斗米道」，後來成長壯大，有力地推動了道教的發展。該道派又稱為正一盟威天師道，是道教的一個重要分支，對後世影響極大。葛洪是道教在魏晉南北朝時期的重要代表人物，人稱小仙翁，曾向鄭隱學習煉丹術，後著成《抱朴子》。此書系統地總結了晉以前的煉丹成就，記錄了很多煉丹的方法。葛洪還精曉醫學、藥學，他在《肘後備急方》、《肘後救卒方》、

張道陵畫像

人稱「張天師」，創立了「五斗米道」。他創立道教，首先從鶴鳴山、青城山開始，然後向蜀中其他地區發展，先後建立了二十四個教區。

《金匱藥方》、《玉函方》等著作中，記載了一些民間治病的常用方子，保存了大量道教醫學的精華。

五代時期，道教出了一位傳奇的代表人物──陳摶。此人以博學聞名，作有一幅《無極圖》，成為後世陰陽八卦道學理論的主要淵源。宋元時期，道教的主流是全真道派，它在北方盛行一時，先後出現了「北五祖」和「北七真」等重要代表，其中尤以王重陽和邱處機聲威顯赫。他們主張融合儒道佛三教，號召三教平等，三教團結，全真道派由此發展到極盛時期。

元明之際的道士張三丰更具有神話色彩，人稱「隱仙」。他根據道教教義獨創了一門武功──太極拳法，據說能夠「單拳抵百賊」，但最終也沒能「抵」得住道教在明朝的衰落。這才有了清代「中興之祖」王常月，他繼承了全真派「先性後命」的修煉思想，強調按皈依三寶、懺悔罪業、斷除障礙、捨絕愛緣、戒形精嚴、忍辱降心、清淨心、求師問道的順序依次修行，並闡明了困擾修行者的「肉身存亡」問題。他說「誰曾不死，那見長生；不死者，豈是凡身，長生者，非關穢質」；「色身縱留千年，止名為妖，不名為道。法身去來常在，朝聞道夕死可矣」；「不死者我之法身，長生者吾之元氣」。他的這些說法為道教各派修行者解除了心中困惑，使其向道之心更為堅定。

王常月的貢獻是使道教「中興」，但這也只能是傳統道教最後的輝煌。此後道教失去了官方的支持，成為真正的民間宗教。

張三丰

張三丰，道號「玄玄子」。他上曉天文，下知地理，是一位道教大家、武術家和氣功師。張三丰一生漂泊，行蹤不定，淡泊名利。他一年四季一笠一衲，衣不遮體、食不果腹，人稱「張邋遢」、「邋遢神仙」。

王常月　清

中年時師從龍門派第六代宗師趙復陽。順治十二年（1655年），他被聘為白雲觀方丈，封為「國師」。康熙、乾隆均對他非常重視。他多次南下傳教，使道團組織得到進一步充實和發展。

不愁生死繁，但覺天地長

——道教教義

　　道教的教義其精髓在於「道」，把道的來龍去脈搞清楚了，也就從根本上把握了道教教義。

　　「道」的本義是「道路」，後來引申出規律、規範的意思。老子在道的本義和引申義的基礎上，做了高度的抽象。他是首次提出「道」為哲學的最高範疇，把它看成是世界萬物的根源的人。老子認為無形無象的「道」具有產生萬物的特性，卻不具備萬物的特性，世間萬物是「有」，源頭就是「無」，「道」不是完全的虛無，只是無聲、無味、無形、無嗅的存在。

　　「道」在老子眼中又是萬物運行變化的規律，「有物混成，先天地生。寂兮寥兮，獨立而不改，周行而不怠，可以為天下母。吾不知其名，強字之曰道。」任何事物每個階段的發展都由「道」駕馭、規範、控制著，從萬物運動變化的角度來說，它就是萬物發展的規律。

　　老子的「道」有三個特性，首先是客觀、自然；它不以人的意志為轉移，不受它物的干擾。其次是有虛和靜的特性；因為虛，所以無形、靜，才能成為萬物動的根源。再次，「道」有無為的特性，無為就是順應自然，無所不為，發揮自己的作用。

　　道家發展為宗教後，對「道」也進行了繼承和發展。首先，道仍然被認為是永恆

八卦五行圖

此為八卦五行相生相剋功法圖。圖中一人端坐於毛皮之上，四周雲氣繚繞，人形周圍有八卦像。

存在的世界本源，並在時間和空間上都是無限的。其次，道無所不在，無限大。再次，道的本體是無，即沒有任何規定性的存在。道教對道的發展具體表現為：其一，認為道可以幻化成神，道的化身可以看作是一尊神。道的形式是虛無的，但具有神性。形象地說：分散時它是無形無象的氣，聚集起來便是神。於是在道教中，老子被塑造成這樣的神。其二，認為「大道」有生化功能：道無為而無所不為。其三，發展了對「德」的解釋，認為德是道之得，德是道在萬物中的體現。就具體事物而言，所謂的德就是得到了道，或者說沒有失去道。德與所謂的「道性」是一致的。

道存在於萬事萬物之中。就具體的個人來說，德就是自己身上道的體現，但德也是要靠人們自己去體會的，因此要修德，只有修德才能合道。修德沒有止境，要力求處處合乎道，一開始只是成為一個有德之士，持續下去，與道合為一體，就可以得道成仙，即我們所說的「真人」。

歸根究柢，道的規律在於道法自然。自然是道的屬性，即所謂「人法地，地法天，天法道，道法自然」。總而言之，道就是順乎一切事物和世界的本性，順乎規律，順應其自身固有的性質和變化歷程。

道教的終極信仰

── 神仙崇拜

　　道教相信世上有神仙存在，信仰神仙，把神仙當作最理想的境界，同時也把成為神仙作為終極的奮鬥目標。在這個動力的驅使下，道教徒才終日虔誠地信奉道教、煉丹修道。

　　道教關於神仙的信仰和追求，有深刻的文化內涵，從根本上講及源於所謂的「大道」。道教的最高尊神「三清」就是道的化身，道是一，一就是元始天尊；由一生二，二就是靈寶天尊；由二生三，三就是道德天尊；三生萬物實際上就構成了完整的萬物生化過程。簡單的說，宇宙萬物都是由至高無上的神──三清尊神創造的。

　　道教不僅認為他們所尊崇的神創造了宇宙萬物，還在臆想中認定宇宙間存在一個凌駕於人間的神仙世界，其中除了三清尊神還有各司其職的眾多神仙，他們共同組成了完整的神仙譜系。首先是統率天地的萬神之首玉皇大帝，統領著天上、地下、空間一共三界，四方、四維、上下總稱十方，胎生、卵生、濕生、化生總稱四生的一切生物，以及天、

三清圖

從左到右依次為：靈寶天尊、元始天尊、道德天尊。

全神圖

位於最上層正中的是如來佛，左邊為南斗六星、孔子，右邊為北斗七星、老子；第二層有觀音、藥王、雷公電母等；第三層有天官、地官、壽星、真武等；第四層有關公、四天王、五路財神等；第五層有牛星、張仙、土地等。

人、魔、地獄、畜生、惡鬼總稱六道的一切，並主宰一切生靈和存在的吉凶禍福。玉帝之下有四位神仙輔助玉皇大帝統管天地，稱為「四御」。其權力很大，分工明確，在道教的神仙譜系裡具有極高的地位。

其次有專門掌管仙籍的神東王公和西王母。所有成仙的人進入天庭都要先拜見西王母，然後拜過東王公，算是報到經受審查後，才能進入三清聖境，最後見到最高的神——元始天尊。東王公和西王母下面是分管天、地和水的三官大帝，即天官、地官、水官；分管人間休憩的星君——五星七曜星君和四靈二十八宿；專掌風雨雷電的雷公電母、龍王風伯；還有門神、灶神等。這些不同級別、各司其職的神，構成了完整的神仙體系。

道教徒認為神仙是永恆的，成為神仙後就可以過上沒有任何束縛、自由自在、完全擺脫自然和社會困擾的生活；神仙有巨大的神力和能量，他們無所不能，無所不會；神仙居住的世界到處是瓊樓玉宇、雲霧飄渺、仙樂繚繞，到處呈現安詳和諧、自由自在的美好氛圍。

八仙圖軸

從左向右：第一幅圖中為鍾離權、呂洞賓；第二幅圖中為張果老、何仙姑；第三幅中圖為韓湘子、曹國舅；第四幅圖中為李鐵拐、藍采和。

道教神仙譜系

一、**三清**：指玉清元始天尊、上清靈寶天尊、太清道德天尊。

二、**四御**：即輔佐三清的四位天帝，指昊天金闕至尊玉皇大帝、中天紫微北極太皇大帝、勾陳
上宮南極天皇大帝、承天效法厚土皇帝祇。

三、**王母娘娘**：即西王母。

四、**三官**：即三元大帝，指賜福天官、赦罪地官、解厄水官。

星　　神

一、**斗姆**：即眾星之母。

二、**五斗星君**：即北斗星君、南斗星君、東斗星君、西斗星君、中斗星君。

三、**太白金星**：是人們常說的啟明星，被人格化為星神。

四、**玄武真武帝**：最初均為星辰神。

五、**文昌**：星官名，即斗魁（魁星）之上天星的總稱，道教將其尊為主宰功名利祿之神，又叫
「文星」，俗稱「文曲星」。

神　　仙

一、**九天玄女**：傳說為商朝人的祖先玄鳥所生，是傳授兵法天書的掌劫女仙。

二、**八仙**：即李鐵拐、鍾離權、張果老、何仙姑、藍采和、呂洞賓、韓湘子、曹國舅。

三、**甯封子**：專門管理製造陶器諸事的神。

四、**黃大仙**：通常指晉代道士黃初平，他以「吒石成羊」法術聞名，港澳地區信奉尤盛。

五、**劉海蟾**：劉操為宋初道士，道號「海蟾子」。全真教尊其為五祖之一。

六、**麻姑**：民間傳說中的女壽星。

七、**天妃娘娘（媽祖）**：俗名林默娘，因對海事有不同凡響的「靈感」，被沿海居民奉為媽祖。

蟠桃會（堆秀）

四大元帥

護法神將

一、**四大元帥**：指靈宮馬元帥馬天君，武財神趙公明（又叫趙玄壇），關聖帝關羽，泰山神溫瓊。

二、**三十六天將**：名單略。多為歷史傳說中的英雄人物。

三、**四值功官**：指值年、值月、值日、值時四位小神。

四、**六丁六甲**：與二十八宿、四值功官、三十六天罡、七十二地煞等，都是傳統中的神將群。此處還有龜蛇將、水火將、青龍、白虎、金童、玉女、千里眼、順風耳、雷神、雨神、閃電娘娘、風伯、雨師等諸神。

祖師其人

一、**張天師**：即張道陵，東漢人，是中國道教的實際創立者，自稱「太清玄元」。凡入其道者須交米五斗，故稱「五斗米道」，教人悔過奉道，用符水咒法治病。

二、**三茅真君**：即茅盈、茅固、茅衷三兄弟。西漢人，為民祈福的善人。

三、**許真君**：東晉著名道士。原名許遜，好修煉神仙，以為民除害聞名。

四、**葛仙翁**：即葛洪，好神仙導養之法。

五、**二徐真君**：即徐知證、徐知諤兄弟，五代時南唐兩位蕃王，以煉丹聞名。

六、**陳摶老祖**：五代宋初道士，字圖南，號「扶搖子」，善於觀相看骨，預見未來。

七、**王重陽**：金代著名道士，創建全真教。

八、**丘處機**：金元時著名道士。

九、**張三丰**：元明時道士，創太極功。

張三丰

清規戒律

—— 道教信徒的行為規範

　　道教經過長期發展，信徒數量大，人員複雜，需要進行嚴格的管理。同時由於道教有著眾多的組織、道派、宮觀，其戒律也就有不同的形式。這些戒律在道教既是教徒信仰的規範，又是組織行政的準則。

　　所謂戒律，即道教約束自己教徒的言論、行為，防止其教徒違反教義思想、信仰生活、人際關係準則的規定。道教的戒律一般分為三類，第一類是「戒」，就是約束道教徒的規定；第二類是「律」，即約束道教徒的一些具體書面條文；第三種是「清規」，具體指各個不同的道教宮觀中約束道士的規章制度。

　　道教的戒律是道教教義的衍生物，也是一種文化，並隨著道教的不斷發展而趨於完備。東漢末年，道教剛剛形成時還沒有正式的道戒條文出現，只有一些口語相傳的禁令。大抵是說哪些事情是能做的，哪些事情是不能做的。譬如說，道教徒不能不孝、貪婪、好色等。這樣的禁令說明早期道教對其教徒言語及行為規範已經有一些基本要求。隨著道教的發展壯大，其組織越來越正規，教徒也越來越多，其

戒子向方丈及八大師禮拜

傳戒一般要舉行隆重的儀式。戒子必須聆聽精通戒律、德高望重的道士講授戒律的內容與意義，還要經過戒壇的考察教育，才能開始修行生涯。

戒律的條款也逐漸豐富起來。如五斗米道，就規定了「三行九條」。儘管該戒律內容十分簡練，但已經有相當的系統性。到了魏晉南北朝時期，上清、靈寶和寇謙之的北天師道創制了「五戒」、「八戒」、「十三禁戒」和一些如「女青鬼律」、「玄都律文」的律文。唐代的道教戒律更是得到空前的大發展，目前我們可以看到的唐代完備戒律就有十六種之多。宋代的《雲笈七籤》、《要修科儀戒律鈔》等道教經籍中也記載了諸如「老君二十七戒」、「老君三十六戒」和「老君一百八十戒」等後來形成的戒律。明朝時，四十三代天師張宇初寫下了《道門十規》。《道門十規》內包含著道教教徒生活的各個方面，是流傳至今最為完備的成文規戒。從沒有成文規定到出現完備的戒律典籍，說明道教戒律已經發展成為一種獨立的文化現象。

　　總而言之，道教的戒律講究廣濟群生，恩惠及人。道教認為只有遵守戒律才能有效地約束、規範自己的欲望，才能使人的行為不過放縱，才能達到人生的完滿，最終得道成為神仙。

傳戒

傳戒是道教全真派的隆重儀典。由精通戒律、德高望重的道士（傳戒大師）向普通道士（戒子）傳授戒律、講解持守戒律的意義、演示持戒的儀軌。戒子經過戒壇的考察教育，名登其錄，從此依戒修行，以翼仙道。

道

溝通天意，祈福禳災，設齋建醮，修道成仙 —— 道術

　　道教之所以擁有上至統治階級，下至勞苦大眾的廣大信仰者，其中一個重要原因就是道教有一套設齋建醮、溝通天意、祈福禳災、修道成仙的道術吸引著這些人。

　　首先說設齋建醮。所謂的「齋」就是齋戒的意思，具體指的是在舉行「法事」前，數日之內不食葷酒，不居內寢，沐浴更衣。這旨在表示法事主持者的虔誠和法事的莊嚴。而「醮」的原意是祭祀，中國古代的祭祀祈禱禮儀後來被道教繼承發展，這裡的「醮」特指道教的法事。「設齋」與「建醮」原來是兩回事，後來相互融合，7世紀以後，「設齋」與「建醮」逐漸合稱。

　　道教的齋醮過程是非常繁瑣的，整個過程包括建壇，設置香、燭、劍等用品，誦經拜懺，步罡踏斗等步驟。齋醮用的壇稱為「醮壇」，一般是在平地上用土築成的高臺。醮壇還分為「都壇」、「分壇」等不同種類。參與齋醮的道士稱為醮壇執事。具體又分為高功、監齋、都講等，各司其職，並稱為「三法師」。各個職位上的執事在齋醮

道士做齋醮

圖中道士們正在進行盛大的法事。他們身著飾有陰陽圖、祥雲、仙鶴的道袍，有條不紊地誦經拜懺、步罡踏斗，進行著一系列的程序。

過程中都有明確職能，他們相互配合，共同完成齋醮的全部程序。

如此繁瑣的齋醮目的就是溝通天意，祈福禳災。而道教在祛災得福方面還有另外一個手段，那就是「書符念咒」。道教的「符」是筆劃屈曲、似字非字畫在紙上的圖形。道教修煉者認為它可以消災得福，因此又被稱作「神符」、「丹書」，即用符字寫成連貫的文句，表達一定意義的內容。在符書上，有文字、天上的星象、神靈的肖像，其中以文字為主體，以顯示宗教蘊義。符字是特殊的宗教文字，按照一定的規則排列。簡單的符只由一個或幾個符字組成，而複雜的符則用多個甚至許多系統組成。符書只有道教中有一定道行的人士才能讀懂，俗人難解其意。

道士紀念先祖的法事
他們相信祭祀道家先祖會得到庇護。祭祀活動前數日，他們要齋戒，旨在表示法事主持者的誠心和法事的莊嚴。

有時道士以所謂的咒語作為跟神仙們溝通的工具，這些咒語不但自成體系，而且在佛教傳入中國後又吸納進一些佛教咒語，因此更加豐富多彩。念咒大都有一定的程序，念咒時先表明咒語是天上哪一個神所傳授的，然後請求這尊神派天兵天將來幫助念咒的道士。

無論符籙還是念咒都是道教活動中，道士、信徒們祈求自己尊奉、信仰的神仙給予幫助的方式，也是道士表現法力的手段。民間對道教很是信服，認為只要虔誠的信奉，就會在危難時通過道士和天上的神仙溝通，得到天兵天將、尊神的協助。

道教設齋建醮、溝通天意、祈福禳災的法事及其使用的「符咒」源遠流長，在從古至今的發展過程中又兼容並蓄，內容龐雜，其中有許多封建迷信的糟粕，但也不乏反映自然、社會規律的精華。

修身養性的內養功夫
—— 道功

　　魏晉南北朝以後，道教的修煉方術由煉形、煉氣向修身養性方面轉移，從而使得存思、坐忘、守一、清靜、寡欲、養性等內養功夫成為修煉的主要目標。這些功夫合稱為道功。

　　存思又稱為存想。司馬承禎的《天隱子》中說：「存，謂存我之神；想，謂想我之身。」這裡的神指主宰五臟、六腑、四肢、七竅等各種臟器的身神，存思就是存想這些身神以及日月星辰等神靈的煉神方法。身神中以泥丸之神為百神之宗，人腦為百神總會，因此存腦部之神就能主宰全身，達到延年益壽的效用，但無論存哪一處的神都務必要志誠心正。存神的時候如果心有旁騖，非但無助於修身養性、強身健體，而且還會誤入歧途。

　　存神的方法又稱為內觀法，即通過冥神存想徹見體內的五臟六腑，以自己的神光返觀內照自己的腑臟、軀體，可以祛病強身。除此之外，存神還可以是將自己的神光凝聚於身體之外的某一固定點。存神的方法有很多種，東晉著名的修煉家葛洪曾說：「思存念作，可以卻惡防身者，乃有數千法。」可見，存思的方法十分豐富。這些方法大體可以分為兩大類，即存思內景法和存思外景法。存思內景法，指的是專意內視，存思體內之神真，久後天門洞開，陽神由此飛出朝覲上帝，因此又有「默朝上帝法」之說。存思外景法則主要是存思體外之神靈，諸如三清、四御、玄女、老君、星官之類。還有修煉者將存思內景與外景結合起來，所謂的存思「影人」法就

彩繪行氣術靜圖
陶竃　西漢

陶器上繪有人行氣入靜的場面，是當時人注重養生修行的反映。

屬此類。

除了存思之外，道功修煉方法還有一種叫做「坐忘」，即煉神達到物我兩忘的境界。坐忘的修煉方法最早見於《莊子‧大宗師》，「墮支體，黜聰明，離形去智，同於大通，此謂兩忘」。坐忘是一種無人、無我、無內、無外、無分別的與道合一的境界。郭象曾對此解釋說：「既忘其跡，又忘其所跡者，內不覺其一身，處不識有天地……」唐朝的司馬承禎著有《天隱子》、《坐忘論》等經典專門闡述坐忘。他的一些觀點對後世「主靜說」的形成有一定影響。

相對於存思、坐忘，守一是一種更具特色的道功修煉方法。道教以身為形，形與神合併構成人的整體，又說形者主死，神者主生，二者合併則為吉，分則凶。如果常合即為一，就可以長存於世。因此上聖人教化眾生守一，就是要人們形神守於一身，就是所謂「守一者，真真合為一也。人生精神，悉皆俱足，而守之不散，乃至度世」。另外，也有人將守一解釋為駐守在人體丹田部位的身神，而此神主守全身，此神常存常在，人自然能長存不死。總之，守一法是道教修煉諸多方法中與道教教義較為貼近的，歷來為修煉家所看重。

存思、坐忘、守一是道功中主要的幾種修煉方法，除此之外還有清靜、寡欲、養性等千百年來為道教修煉者所青睞的修煉方法，也是道功的重要組成部分。道教徒就是憑著這些內修功夫來達到修身養性的目的。

道教靜坐吐納功

道功之一。修煉者需盤腿直腰正坐，氣聚丹田，心平氣和，才能達到心和神悅、神遊萬仞的境界。

內容龐雜，卷帙浩繁

—— 道教經典

　　道教有著內容龐雜、卷帙浩繁的經典文獻。這些經典在闡述道教教義、教理的同時，又充滿了濃厚的民族特色。正是這些別具一格的經典文獻構成了道教雄厚的理論基礎，使之成為中國的主流宗教之一。

　　道教最初的理論只有《老子》、《莊子》、《列子》、《亢倉子》等書籍。爾後，道教的門徒自己在修道、悟道中創作了大量的經典文獻，其中有一部分假託神仙所授，有一部分是道教自身方術、戒律、科儀、教義的總結。道教中人對這些典籍十分愛惜，幾乎每一朝代都有人搜集、梳理、結集出版。今天，我們可以藉以瞭解道經全貌的，主要有《正統道藏》、《萬曆續道藏》。除此之外，明萬曆後也有一些經典的道教經籍。

　　至於道經的緣起，大致有兩種說法。一是氣化流行說，宋代張君房《雲笈七籤·道教所起》中是這樣解釋的，道經是道教所謂神祕遙遠的空間「三元」中，自然奧祕之氣凝結而成的「經誥」，「經誥」的書寫材料不是黃金就是白銀。它們由仙人寫好，並祕密收藏在天上的「七寶玄台」上，然後再通過一定的機緣傳授給某人。如《靈寶經》是由「天真皇人」傳給有緣法的黃帝、帝嚳以及大禹。

　　道經緣起的第二種說法就是歸於天神名下，道教認為道經隸屬於不同的天神。張君房在他的《雲笈七籤》中說，三清勝境中的元始天尊、靈寶天尊、道德天尊，每一位都說了十二部

誦經

誦經包括念誦和歌贊兩部分。念誦要詠念經文與道教諸神和真仙聖號；歌贊主要以唱的方式贊禮諸神、真仙的功德。誦經既是對神仙的敬禮，也是道士自我修持的必要。

經，十二部不是十二本而是十二類。他
認為所有的道經都應歸於三尊神的名
下，這是一種典型地將道經歸於天神名
下的說法。

　　對搜集整理道教經典做出特殊貢
獻的是東晉的葛洪，他幾乎搜羅了天下
所有的道書經典，作《抱朴子‧遐覽》
傳於後世，提供了近乎所有當時流行的
金丹派道經，如《彭祖經》、《九生經》、
《九仙經》、《混成經》、《元文》等，共

道士正在學習誦經

圖中北京白雲觀中的年
輕道士正在修早課。由
於他們剛入教不久，對
道教經籍不是很熟，所
以正在邊看書邊誦經。

260餘種1200多卷。後來的陸修靜在此基礎上編撰《三洞經書目錄》，
將道經分門別類，總括為「三洞」。這部書標誌著道教圖書分類的成
熟，確定了道教經書分類的基本框架。

　　南朝梁的道士孟智周根據三洞作一部《玉緯七部經書》。所謂的
七部就是「三洞」及「四輔」，四輔就是指《太清》、《太平》、《太玄》
和《正一》等四部輔經。又由於三洞包含的範圍較大，三洞下各分十二
類，合為三十六部；加上三洞、四輔，使得人們一般提起道經時，就總
稱為──三洞四輔十二類。

　　唐朝開元年間（713－741年），道教的第一部經典總集《開元道
藏》（又稱《三洞瓊綱》）在三洞四輔體系架構下編纂而成。宋朝時編
纂成《政和道藏》。在金、元、明都有《道藏》的纂修，如金元時的《玄
都寶藏》、《正統道藏》、《萬曆續道藏》、《道藏輯要》等，這些道藏
被道教的各大名山名觀珍藏著。

　　道經極其重要，是道教徒成功修道的
必讀之書。作為一個道教的信仰者或研究
者要想真正地研究和弘揚道教，就必須潛
心研習經書，只有持之以恆地日誦、參究，
才能如《高上玉皇心印妙經》所說：誦持
萬遍，妙理自明。

《抱朴子內篇》
東晉葛洪著

《抱朴子》這一道教著
作，記載了大量煉丹術
過程中所反映的化學知
識，還廣泛涉及了藥物
學和醫學，記錄了大量
礦物、植物藥，對一些
疾病的成因和治療的論
述也非常深入。

洞天福地

—— 道教名山、仙觀

　　道教修行者相信自己信仰的神仙遍佈神州大地的名山、名水，正所謂「山不在高，有仙則名；水不在深，有龍則靈」。他們認為名山大川有靈氣，有助於修行，因此在這些地方建造了許多宮觀。

　　道教徒把神仙和高道修行、居住的地方叫做洞天福地。這些洞天福地大體上可以分為名山、仙觀兩大類。

　　道教的名山最主要的有「十大洞天」、「三十六小洞天」和「七十二福地」。

　　「十大洞天」分別是：

　　第一洞天王屋山，號為小有清虛洞天；

　　第二洞天委羽山，號為大有空明洞天；

　　第三洞天西城山，號為太玄忽真洞天；

　　第四洞天西玄山，號為三元極真洞天；

　　第五洞天青城山，號為寶仙九室洞天；

　　第六洞天赤城山，號為上清玉平洞天；

　　第七洞天羅浮山，號為朱明輝真洞天；

　　第八洞天句曲山，號為金壇華陽洞天；

　　第九洞天林屋山，號為龍神幽虛洞天；

　　第十洞天括蒼山，號為成德隱玄洞天。

　　「三十六小洞天」主要包括霍桐山，稱為霍林洞天；東嶽泰山，稱為蓬玄洞天；南嶽衡山，稱為朱陵洞天；西嶽華山，稱為總仙洞天；北嶽常山，稱為總玄洞天；中嶽嵩山，稱為司馬洞天；峨嵋山，稱為虛陵洞天；廬山，稱為靈真洞天等。

　　「七十二福地」則是地肺山、蓋竹山、仙磕山、南田山、玉溜山、清嶼山、金庭山、清遠山、安山、馬嶺山、鵝羊山、洞宮山、陶山、爛

柯山、龍虎山、靈山、金精山、閤皂山、始豐山、逍遙山、東白源、缽池山、論山等。總之，道教的名山幾乎包羅了中華大地上大江南北、長城內外所有的名山。

道教的洞天福地除了名山，還有一些著名的仙觀，如樓臺觀、白雲觀、太清宮。樓臺觀，相傳是老子講說《道德經》之地，有「祖庭仙都聖地」之稱，是道教的發祥地之一。樓臺觀是我國西北地方最大的十方叢林，地理環境十分優越。它的周圍幽壑清泉，茂林修竹，環境優雅，景色迷人，有「天下第一福地」的美譽。樓臺觀主要由說經台、清廟、宗聖宮、玉華觀、會靈觀、呂祖洞、化女泉、仰天池、迎陽洞、十老洞、通道觀、吾老洞、王母宮、延生觀等組成，是歷代道教聖地。

白雲觀坐落在北京西便門外，是全真教的第一叢林，同時也是龍門派祖庭，前身為唐朝的天長觀。元初，丘處機等人受封於元太祖，賜居於此。之後，該觀得到全面整修，煥然一新。明清時再次重修、擴建白雲觀，形成中、東、西三路及後院的格局。中路有靈觀殿、玉皇殿、

白雲觀牌樓

白雲觀是北京最大的道教廟宇，為中國道教協會所在地，是龍門派祖庭。

道

中華名觀

　　宮觀，道教進行宗教活動的場所。道教初期稱治或廬，也叫靜室、精舍或靜，取其安靜之意。到南北朝時南方稱館，北方一般稱觀。唐宋之後則主要以宮觀為名，規模小的叫廟。道教在唐宋因受皇帝的崇奉，宮觀宏偉壯觀，遍佈全國的名山大川，有1600多處。元明以後道教式微，無大規模建築。

　　另外一些俗神如關帝廟、藥王廟、城隍廟，也是道教建築的重要組成部分。

老君台全真觀

位於寧夏中衛縣，為紀念道祖老子而建。

道士稱謂

法師：精通經戒，主持齋儀，度人入道，堪為道眾典範的道士，叫法師。

方丈：對道教十方叢林最高領導者的稱謂，亦可稱「住持」。方丈是受過三壇大戒，接過律師傳「法」，戒行精嚴，德高望重，受全體道眾擁戴而選的道士。

監院：亦稱「當家」、「住持」。由常住道眾公選，為道教叢林中 總管內外一切事務者。當監院大任者，必須才全智足，通道明德，仁義謙恭，寬宏大量，弱己衛眾，柔和善良，明罪福因果，功行俱備。

知客：負責接待參訪及迎送賓客的道士，《三乘集要》記載：「知客應答高明言語，接待十方賓朋，須以深知事務，通達人情，乃可任也」。

高功：指那些德高望重，精於齋醮科儀，善於踏罡步斗，溝通神人，代神宣教，祈福消災，拔度幽魂，主持齋醮法會的道士，是經師的首領。

道人：最初與方士同義，最早出現於《漢書‧京房傳》。道教創立後，道人一詞曾專指道士。南北朝時代則以道人專指沙門，而區別於道士。唐朝以後，又以道人泛指有道術之人，或指道士。

道長：是當今教外人士對出家道士的尊稱，而不是職稱。

羽客：亦稱「羽士」、「羽人」。以鳥羽比喻仙人可飛升上天，引申為神仙方士，進而專指道士。後世道士多取以自號。

重陽宮

又稱重陽萬壽宮，全真教祖庭。宮內現存四十餘個珍貴碑石，號稱「西安第二碑林」，其中有王重陽手書《無夢令》碑堪稱修身養性之精髓，還有元代皇帝璽書蒙漢兩文對照碑、重陽墓、祖師腳印石、明代姊妹黃楊、千年銀樹等。

青羊宮

青羊宮位於成都市西郊，佔地三百餘畝。宮內有元始天尊、靈寶天尊、道德天尊等像。青羊宮原名青羊肆，據說老子為關令尹喜真人演法傳道之所，後改名青羊觀、玄中觀，唐僖宗中和三年擴建後改名青羊宮。

上清宮

上清宮位於成都青城山上，建於晉代，現存建築多為清同治年間（1862－1874年）所建。山岩有清代黃雲鵠「天下第五名山」、「青城第一峰」等摩崖石刻。宮內還有木刻老子《道德經》、鴛鴦井、麻姑池、呼史亭等景觀。

白雲觀

位於北京西城區西便門外，始建於唐開元十年（723年），初名天長觀，金代更名太極宮。元朝因丘處機在此，改名長春宮，成為北方道教的中心。丘真人死後葬於處順堂（今丘祖殿）內。明正統年間改名為白雲觀。現為中國道教協會所在地。

太清宮

位於瀋陽市西順街，原名「三教堂」，始建於清康熙二年（1664年），是我國東北地區道教最大的全真十方叢林。祀奉太上老君、至聖孔子、釋迦牟尼等像，以示全真道教主張三教合一的教旨。

樓觀台

位於陝西省周至縣城南的秦嶺山麓。相傳周代大夫函谷關令尹喜曾在此結草為樓，觀看天象，稱草樓觀。後傳說老子在此築高臺講授《道德經》。隋文帝和唐高祖曾修繕整理樓觀，現為道教聖地。

城隍廟

上海城隍廟，建於明永樂年間（1403—1424年），今日所見的城隍廟為1926年重建，殿高15.8公尺，深20.9公尺，雕樑畫棟，翠瓦朱簷，供奉各種地方神，如關公、黃忠等，是外國人瞭解中國宗教文化的重要對外窗口。

永樂宮

始建於元代，原在今山西省芮城縣西向20公里的永樂鎮，傳說為呂洞賓的故居。元世祖中統三年重建了部分建築，至竣工耗時達110餘年，更名大重陽萬壽宮，後又改稱永樂宮，成為全真教三大祖庭之一。後因修三門峽水利工程，於20世紀50年代依原樣遷到芮城北龍泉村五龍廟附近。

抱朴道院

位於杭州市附近的葛嶺，道教歷史上的傑出人物葛洪曾在此修煉。抱朴道院緊靠著名的西湖，風景秀麗。現存建築大多建於明代，保存了許多珍貴的文化和藝術資料。

武當紫霄宮

是武當山保存最完美的宮殿之一，建於明永樂十一年，原建宮殿、齋堂、亭名等860多間。賜額「太元紫霄宮」。明永樂皇帝封為「紫霄福地」。

媽祖廟

位於福建，為紀念宋雍熙四年（987年）農曆九月初九懷羽化升天的媽祖（原名林默）而建。建築宏偉，風景秀麗。香火興旺，聞名海內外。

指南宮

位於臺北市南部木柵區猴山坑上，俗稱仙廟，建於西元1881年，時稱肫風社，1891年改稱指南宮；民間有男女朋友不宜共遊的傳說，素有道教聖地之稱。

媽祖廟

位於澳門路環島疊石塘山，是亞洲最大的媽祖廟建築。

**泰山玉皇頂古代皇帝封
禪處**

泰山位於山東省泰安市，
為五嶽之首，也是著名的
道教聖地。泰安城中的岱
廟，是歷代帝王舉行封禪
大典和祭祀山神的地方。

老律堂、邱祖殿、三清閣、四御殿
等著名殿堂。東西兩廂，東西兩
路有三官殿、救苦殿、財神殿、
藥王殿等建築。藏經樓在三清閣
的東側，那裡藏有明代以來撰寫
《正統道藏》。

崂山太清宮位於崂山老君山
峰下，三面環山，南向大海，植物
繁茂，風光宜人。崂山太清宮最
早創建於西漢建元元年（前140
年），原供奉三官大帝，名三官
庵，後改稱太清宮。傳說，元初的
高道丘處機曾在此講道傳玄，弘
揚教理道義。崂山太清宮一度被
譽為「全真道教天下第二叢林」。
其主體由三個大殿，五個配殿，東
客堂、西客堂和藏經樓等建築構
成。觀內有漢代柏樹，其上長有凌
霄，鹽夫木，是為「三樹一木」，是
中國絕無僅有的奇觀。

樓臺觀、白雲觀、崂山太清
宮是道教具有代表性的仙觀，除
此之外道教著名的仙觀還有瀋陽
的太清宮、西安的八仙宮、寶雞的
金台觀、武漢的長春觀等。這些
宮觀和前已述及的大小洞天，共同構成了道教的洞天福地。這些洞天
福地不僅是道教的修煉之地，還是當地著名的文化景觀。

中國根柢全在道教
——道教對社會文化的影響

　　道教作為中國土生土長的宗教，對中華民族的社會文化諸方面有著極其深遠的影響。魯迅先生曾經說過：「中國的根柢全在道教……以此讀史，有許多問題可迎刃而解。」

　　道教對中國的社會文化影響至深至廣，最主要體現在三個方面。其一，道教的平等、寬容精神。道教的主要經典《道德經》說，「知常容，容乃公，公乃全，全乃天，天乃道」，又說「高者仰之，下者舉之，有餘者損之，不足者補之」；最後將其歸結為「萬物歸焉而不為主，可名為大」。由此可見，道教主張平等地看待一切，以有餘補不足，包容萬物而不唯我獨尊。道教以道包容天地，恩澤及於天下萬物。道教在審視人和物的關係時，沒有絲毫「人類中心論」的意思。從理論到實踐，道教都主張多元，反對以自我為中心，容納不同的價值觀。在處理與其他宗教的關係時，道教從不排斥異教和異神，而是積極吸收其有益

道士對弈

圖中兩位仙風道骨的老道士在下棋。道士們天天誦經修煉、下棋寫字，修身養性。

成分。在民族文化上，中原文化從不排斥外來文化，其中以隋唐時期為最，這也是中華文化生生不息的一個重要動力。

其二，祈求太平、愛好和平的思想。道教向以兵刃為「不祥之器」。歷代的道教人士都強調「夫樂殺人者，則不可得志於天下矣」。他們表達祈求太平、愛好和平的重要方式是舉行法會，祈禳上天賜予人民「太平盛世」。道教的奠基人老子也嚮往「安平泰」的社會，甚至想回到「小國寡民」、「雞犬相聞」的原始社會。道教反對濫殺無辜，強調以道治天下。這對於中國「和合」思想的形成有重要的影響。比如說，對於在戰場上殺死的侵略者，戰後也要以喪禮處之。道教熱愛和平的思想還體現在其勸導人們不能以怨報冤，認為「冤冤相報，何時是了」。道教最痛恨那些屠戮人民的劊子手，認為他們必然得到「其事好還」的報應。在魏晉南北朝時期，國家陷入分裂、動盪，戰事頻繁，一些高道勸慰統治者最多的就是「天作孽，猶可違；自作孽，不可逭」。

羅天大醮圓滿送聖儀式

羅天大醮是為祈求國泰民安、風調雨順與世界和平而舉行的一種大型法事活動。一般由一個地區或多個道觀聯合發起，儀典隆重，持續三、五、七日不等。此圖為羅天大醮接近尾聲時的一種儀式。

其三，少私寡欲、無己無待的人格修養。在人格修養方面，道教強調「無己無待」、「不為物累」、「少私寡欲」、「嗇精節情」的重要性，認為只有這樣才能完成心靈上的自我超越，達到道的境界。道教的世界觀以人的

道士練劍

道士為了強身健體，經常練劍習拳。這也是其修煉功課之一。

生命為出發點，修道之人一向以為把生命能量消耗在聲色犬馬等物質享受上沒有任何意義，而只有節制自身追求外物的欲望，潛心地修煉，才能體會到修成大道的快感。正如老子所說的：「五色令人目盲；五音令人耳聾；五味令人口爽；馳騁畋獵，令人心發狂；難得之貨，令人行妨」。最後老子將為人處事歸結為「治人事天，莫若嗇（儉省）」，這就是「安貧樂道」的深刻內涵。道教的這種思想滲透到社會文化中，就形成了「仁義」、「正直」的觀念，持有這些思想觀念的人「不妄為」，安於現實。這種人格修養的形成，恰好配合了封建統治者的愚民政策，因此受到他們極力推崇和鼓勵。與此同時，具有少私寡欲、無己無待的人格修養的人容易與周圍達成默契，和諧相處。另外，少私寡欲、無己無待還可以使人較少地自尋煩惱，免得讓自己內心的煩惱、焦慮、忿怒殘生損性。由此可知，少私寡欲，無己無待，的確是打開人生心靈枷鎖的一把鑰匙，是通向「大道」的人格修養途徑。

總之，最初的道教在中國的這片沃土上生根、發芽、發展壯大，最後成長為具有中國特色的成熟宗教。過程中，它與中華民族的傳統文化一起成長，同時不斷地滋潤著中國幾千年來的社會文化。

薛濤

庭出一古桐
聳幹入雲中
枝迎南北鳥
葉送往來風

卷四 賣笑送歡，遺恨青樓

娼妓業古已有之，最早的娼妓發端於宗教賣淫，後來出現了宮妓、私妓。但正式的市妓和妓院則產生於春秋初期。這一時期的管仲設置女閭，開了官辦妓院的先河。娼妓業的歷史一般從管仲設女閭說起。

歷代名妓代表人物及其事蹟	代表人物	主　要　事　蹟	生活年代
	綠　珠	擅長歌舞，豪富石崇置金谷園與之同住，並親自作＜明君歌＞、＜懊惱曲＞贈給綠珠，後為綠珠得罪孫秀，綠珠墜樓報答。	晉朝《晉書‧石崇傳》
	紅　拂	楊素府中歌妓，手執紅色拂塵而得名。因慧眼識得李靖，於是逃離火坑，後成為一品夫人。	南北朝後期《紅拂傳》
	薛　濤	原為良家女，八九歲通音律，家道沒落後成為詩妓，後得劍南節度使韋皋賞識，有意讓其擔當「校書郎」一職，未遂。雅稱「校書郎」。	唐代《詩話》
	張紅紅	原為歌妓，後為韋青的愛姬。悟性極高，曾用小豆數拍記下樂工新曲，聽曲一遍即能演唱，後來入宮成為記曲娘子，封為昭儀。	唐代《樂錄》
	李師師	原為平民良女，結有佛緣。後為歌舞妓，為汴京名妓，宋徽宗甚愛她。	宋代
	琴　操	杭州名妓，善於應答，蘇東坡與之遊西湖，相互參禪，後頓悟入佛門。	宋代《泊宅編》
	徐月英	江淮名妓，曾贈人詩：「惆悵人間萬事遠，兩人同去一人歸。生憎平望橋頭水，任照鴛鴦兩背飛。」	明代《北夢瑣言》

從管仲設置女閭開始

—— 娼妓業始興

　　娼妓業古已有之，最早的娼妓發端於宗教賣淫，後來出現了宮妓、私妓。但正式的市妓和妓院則產生於春秋初期。這一時期的管仲設置女閭，開了官辦妓院的先河。娼妓業的歷史一般從管仲設女閭說起。

　　西元685年，管仲被齊桓公封為「卿」，開始了振興齊國的改革。他整頓吏治，煮鹽冶鐵，加強軍備，對外提出了「尊王攘夷」的口號，一步步把齊桓公推上了春秋霸主的寶座。在這一系列的措施中，還有重要的一項被正史遺漏，那便是設置「女閭」。

　　管仲（西元前685－前645年）被齊桓公委以重任後，在齊國的都城臨淄周圍設置「女閭」七百。《周禮》關於這方面的記載說，「五家為比」，「五比為閭」。這樣算來，一閭為25家。管仲設女閭七百，總數就要有17500家之多。可見，當時的女閭是多麼的興盛。無獨有偶，西方的古希臘梭倫於西元前594年創立雅典國家妓院，比管仲設女閭至少要晚半個世紀。因此有人調侃說管仲不僅是偉大的思想家、改革家，還是不折不扣的「世界官妓之父」。

　　那麼，管仲在推行富國強兵的同時，為什麼要開設這麼多女閭呢？原來管仲大人也有他的苦衷。其一，國家收入問題。要知道擴充軍備，加強國防就必須籌集大量的資金，而齊桓公要依靠老百姓成就自己的霸業，於是搜刮民財，連弱小女子也不放過。因此採納了管相爺的辦法，「置女閭七百，徵其夜合之資，以充國用」。其二，齊國要稱霸中原，國內的社會矛盾勢必要緩和一下，最好的辦法

管仲像

宗教賣淫

宗教賣淫最初流行於古巴比倫，源於對神的一種虔誠的信仰。古巴比倫好米利達為神廟貢獻貞操，與男子做愛取悅司掌繁殖的神靈，從而讓人丁興旺。中國類似的宗教賣淫者稱巫娼，她們「妖豔動人」，精通琴、棋、書、畫等技藝，為當時掌握政教大權的巫師奉獻貞操。

莫過於讓那些有怨氣的人士找個地方發洩一下，最後決定還是讓他們去女閭吧。其三，優待游士、網羅人才的需要。這些游士遊走不定，一般是不帶家眷的，那麼給他們提供安樂窩是一個讓他們留下來的好辦法，女閭的設置滿足了這一點。其四，齊桓公是一代名君不假，但他也是人嘛。據說他還「好內，好內寵，如夫人者六人」。可是，對於一國之君的桓公來講還是供不應求，設了女閭以後，他也可以隨時輕鬆一下。

以上談到的諸多理由無論出於哪一條，女閭的設置都無可非議，如果這些理由加在一起，女閭的設置就成了理所當然。不管這些理由成立與否，管仲首創市妓和妓院，卻是既成事實，而且對後世影響深遠。其後千百年，娼妓制度一直存在，吞噬了無數女性的青春和生命。

宮妓、官妓、家妓與營妓
——娼妓業的經營主體

娼妓業的經營方式五花八門，從其經營的主體看，大致可以分為宮妓、官妓、家妓、營妓和私妓等幾種。

宮妓，始自秦朝。秦始皇統一中國以後，傲視天下，迷戀酒色，荒淫無度。據說，當時「關中離宮三百所，關外四百所，皆有鐘磬、帷帳，婦人倡優」，其「數巨萬人，鐘鼓之樂，流漫無窮」。漢武帝時，宮中除了為數眾多的嬪妃，還有成千上萬的宮妓。魏晉南北朝時儘管經濟蕭條，但統治者對宮妓寵愛有加。曹操想透過房中術達到延年益壽的目的，於是收羅「倡優在側，常日以達夕」。隋唐時期的教坊女樂也是宮妓的一種。宮妓制度一直到明朝才被廢止。

官妓，指那些在官府中服役或賣淫的妓女。春秋時期，管仲設置的「女閭」絕大部分就屬於官妓。之後，歷朝歷代都沿襲這一制度，宋代開始衰落，但遼國和金國的官妓則很興盛。遼國貴族稱官辦妓院為「瓦里」，以去瓦里消遣為樂。裡面的妓女多以「子」為名字，比如香子、花子等。金國的官妓叫做「監戶」和「官戶」。官妓制度到明清之際被廢除。

家妓始於漢代，盛行於南北朝。東漢時，蓄養家妓的風氣已盛。東漢順帝時，外戚梁冀搶別人的妻女數千人作為家妓，後來單超取代梁冀，同樣「多取良家美人，以為家妓，皆珍飾華奢」。三國魏時，曹爽在執掌大權以後，將良家女子三十三人納為己妾，供自己淫樂。

營妓是專門供士兵發洩的妓女，始於漢朝，經過了六朝、唐、宋等朝代，長盛不衰。漢武帝連年用兵，為了穩定軍心、提高士氣，就正式設立了營妓。營妓的來源主要是罪犯的家眷。漢代的大將李陵率領大軍出關東作戰，把一些強盜和賊人的妻子和女兒作為隨軍的營妓。這些女人不願意，躲在車中不出來。李陵大怒，命人將她們從車中拖

出，「連斬數人，餘者皆從」。

　　與宮妓、官妓、家妓、營妓相比，私妓數量多，範圍廣，組成分子也更為複雜，可以稱得上是娼妓的主流，尤其是在商品經濟比較發達的唐宋及以後各朝。江南一帶的繁華城市中，私妓更為活躍。《玉臺新詠》和《樂府詩集》對私妓多有描述。比如，有一首〈石城樂〉這樣寫道：「生長石城下，開窗對城樓，城中諸少年，出入見依投。」可見當時私妓賣淫之盛，以至於妓女們都沒有休息的時間。

王蜀宮妓圖　明　唐寅

上有題詞，意為：蜀後主每次在宮中作樂，都要令宮妓穿道士服，戴蓮花冠，侍奉君主歡宴。等到開始唱歌了，也不讓她們走開；等到酒過一巡，還不讓她們離開。這種行為著實讓人非常憤怒。此畫現藏故宮博物館。

林林總總的妓院
—— 娼妓業的主要營業場所

　　娼妓業源遠流長，林林總總的妓院由來已久。成熟的妓院大約形成於宋代，根據其設施、服務的對象以及妓女的資質，可以分為上、中、下三個等級，以後歷代的妓院不斷發展，但都沒有脫離這種基本架構。

　　所謂的上等妓院，主要是指由高級藝妓招待客人的妓院。宋元之際的周密在其《武林舊事》一書中談到了這種高級妓院，他稱之為「歌館」。他還說坐落在平康里的一些歌館尤其出名，不過在當地叫做茶坊。從名字就可以看出，能歌善舞、精通琴棋書畫的妓女多集中在這些地方，而來此消費的也多是達官顯貴、富商巨賈。他們來到這些地方，發洩性欲並不是其主要目的，而是與那些既美貌又富有才情的妓女喝茶聊天，或欣賞其技藝。這些高級妓院的妓女接客時有著固有的程序，如「點花茶」、「支酒」等。近代的這類高級妓院多集中在上海、北京等大都市，裡面都有高檔家具、古玩，甚至奇珍異寶，出入其間的多為軍閥、政客、買辦資本家等有頭面的人物。

　　中等層次的妓院，指的是具有各種飲酒、尋歡作樂設施的酒樓，俗稱「青樓」。宋代的這類妓院對外稱餐館，但裡面有常住陪客的女人，在當時有官辦的和私營之分。這種妓院形式發展到近代仍然很有市場。如影片《厚紅樓》中的厚紅樓就是這樣一所大妓院，它既為客人提供飲食，又有色情服務。這類妓院一般有穩定的主顧，而且在當地有一定的勢力。

　　下等妓院情況較為複雜，自身條件有限，妓女的素質很低或者是中上等妓院的妓女年老色衰淪落至此，光顧的嫖客也多為下層民眾、士兵甚至是乞丐，他們來到這些地方，只是發洩性欲而已。這些人手頭的銀錢有限，所出的嫖資相當微薄。因此這類妓院無力支撐氣派的

鴇母迎客圖

清代木雕。圖正中是鴇母
與一官員打扮的男人正
相互作揖打招呼。樓上兩
個妓女坐在開窗處吸引客
人，樓下兩個妓女則正為
鴇母幫腔拉客。這幅木
雕反映了清代妓院營業
的情景。

門面，有的極其簡陋甚至在廢棄的民宅或窯洞中。而這些妓女也只是
以自己的皮肉換取一時微薄的衣食，苟且偷生。她們的健康乃至生命
安全沒有任何保障。

　　妓院是娼妓業的主要營業場所，由於其不同的層次以及所處的
地理位置和歷史年代差異，有很多不同稱謂，如古代的勾欄院，近現
代的青樓、窯子、成人娛樂中心等，十分繁複，但其實質無非就是妓女
嫖客尋歡作樂的場所。

娼妓業中的主要角色
—— 妓女的來源和種類

　　中國的娼妓業可謂源遠流長，上可以追溯到春秋戰國，下則綿延發展到近現代甚至是今天。娼妓業中的主要角色——妓女，即以賣淫為業，以肉體換取金錢的女人，其來源和種類又各不相同。

　　我國古代，最早的妓女來源於「家妓」。後來，隨著歷史的發展，妓女的種類也漸趨豐富，如「宮妓」、「官妓」、「市妓」、「私妓」等。從時間上看，家妓主要是奴隸社會的產物，而營妓則出現於漢代，唐宋時期開始公開設立官妓，明代私娼日漸興盛，到了清代以後優伶和女書的市場呈現擴展的趨勢。

　　但無論是「宮妓」、「官妓」還是「市妓」、「私妓」，淪落風塵的良家女子都是其重要源泉。良家女子加入妓女行列大致出於以下兩種原因：首先是為生計所迫，如被收養的孤兒，稍大後被其收養人賣入妓院，還有的是成年後無以謀生不得不賣身；其次是遭遇強暴而失身。

　　縱觀中國娼妓發展史，妓女不外乎「藝妓」和「色妓」兩種。所謂的藝妓，就是賣藝不賣身，這類妓女一般具有較高的才藝；而色妓則是直截了當地以出賣肉體謀生。從春秋戰國至南北朝近千年裡，妓女以「藝妓」為主；到了唐宋時期，藝

東北的藝妓

清末明信片。她們非常年輕，其中最小的 (左) 不過十三四歲。她們專門從事歌舞表演，閒時還可以看看書。

北京名妓楊翠喜　清末　　　　北京名妓王喜鳳　民初

妓和色妓並存；等到了明清時，藝妓為數較少，基本上退出了歷史舞
臺，或者說轉變成為色妓，而色妓則成為妓女在這一歷史時期的主要
存在形式。

　　從服務對象上看，古代的妓女可以分為宮妓（又稱宮娃）、營妓
（即軍妓）、官妓（指在籍樂戶）、家妓、市妓（商妓）等；從服務方式
上看，有歌妓（賣唱）、舞妓、樂妓、詩妓、詞妓、飲妓（侑酒）、優妓
等種類；從服務地點上分，有舊院、妓樓、青樓、妓館、勾欄、平康、北
里、河房、河船、燈船等；從是否「破瓜」的角度看，妓女又分為「清倌
人」和「紅倌人」，或稱為「小先生」與「大先生」；以妓女是否患有性
病分，有「清水貨」和「渾水貨」等不同稱謂。

　　從地域的角度分析，舊上海的娼妓種類最多，在那裡中外各式各
樣的妓女匯聚在一起，攪得整個上海烏煙瘴氣。其間，光是「國產」
的，就有畫舫、書寓、堂子、台基、野雞、釘棚、鹹肉莊（應召女郎）、嚮
導社、玻璃杯（茶座女招待）等十餘種，還有私娼和「半開門」以及外
國妓院。

侍琴棋，弄書畫

——妓女的才藝

封建禮教要求女子「無才便是德」，妓女們身陷煙花之地，一般而言，是不受禮教約束的。一方面，衣食無憂，學習才藝既可以打發時間，寄託情思，又可提高身價；另一方面，為了取悅嫖客，妓女（尤其是名妓）必須具有相當的才藝，音樂、歌舞、琴棋書畫無所不通，無所不曉，才能生存下去。

唐代的妓女不僅能歌善舞，而且善於做詩，這可能與唐朝高度發達的文化有關。如名妓薛濤專門創製深紅小箋，用於寫詩。她的詩作被後人整理為《薛濤詩》。其中的〈春詞〉三首頗為世人所稱道。

一

攬草結同心，將以遺知音。

春愁正斷絕，春鳥複哀吟。

二

風光日將老，佳期猶渺渺。

不結同心人，空結同心草。

三

那堪花滿枝，翻作兩相思。

玉箸垂朝鏡，春風知不知？

與薛濤齊名的妓女李冶其詩作也是獨具匠心，可惜傳世不多。其中〈相思怨〉很出名：

人道海水深，不抵相思半。

海水尚有涯，相思渺無畔。

攜琴上高樓，樓虛月華滿。

彈著相思曲，弦腸一時斷。

唐朝還有一名以詩作聞名於世的妓女——魚玄

機。她的一首〈贈鄰女〉在閨中廣為傳唱：

> 羞日遮羅袖，愁春懶起妝。
>
> 易求無價寶，難得有心郎！
>
> 枕上潛垂淚，花間暗斷腸。
>
> 自能窺宋玉，何必恨王昌！

古代的名妓一般都通曉音律，能用簡簡單單的一把琵琶演奏出動人的曲子，甚至用以表情達意，述說心中的哀怨、愁苦和對意中人的思念之情。古時青樓中演奏的樂曲許多都是流傳千古的名曲，如〈瀟湘水雲〉、〈漁歌〉、〈樵歌〉、《胡笳十八拍》等經典曲目。在青樓中，妓女與狎妓的士人之間還往往以琴譜相贈，比如《霞外琴譜》、《梅雪窩刪潤琴譜》、《梧崗琴譜》、《杏莊太音續譜》等。

舞蹈，是古代妓女展示高超的才藝和優美的身段不可或缺的方式。一些著名的藝妓所表演的舞蹈都是由宮中傳到民間的，如風靡一時的「留仙舞」。據說，漢時的趙飛燕身著番邦進貢的碧瓊輕綃和雲英紫裙表演歌舞——《歸風送遠》，著名的樂師馮無方吹笙伴奏，成帝欣賞得如癡如醉，以手中的玉箸敲擊桌上的玉甌和著節拍。成帝興致正濃時，忽然起了大風，趙飛燕揚袖隨風飄舞，其姿態好像要隨著風飛上天宇。成帝情急之下叫馮無方拉住趙飛燕，以至於把她的裙子都拽皺了。後來這支舞就被人們叫做「留仙舞」，不知何時在青樓妓館之中流行起來，妓女們以能表演該舞為榮。

古代的妓女表演歌舞，侍弄琴棋書畫，一方面滿足了士人們的欣賞欲求，另一方面也充分向世人展現了自己的才華和魅力。同時，她們在客觀上對傳承中國的歌舞、琴棋書畫等藝術產生了一定的作用。

趙飛燕

西漢成帝皇后，咸陽侯趙臨之女。原為陽阿公主家歌舞妓，以體輕善舞著稱。成帝微行到陽阿公主家，見到趙飛燕，非常喜歡，繼而召入宮。後來升為皇后，與其妹趙合德專寵十餘年。

另一類的才子佳人

——風流雅士與妓女

李香君像

秦淮名妓。孔尚任的傳奇
《桃花扇》講述了李香
君的真實故事。明末復社
文人侯方域避亂南京，
與李相遇、相戀，但
適逢亂世，侯、李
二人終是分別。
侯、李的離合
之情，映照了南
明王朝的興亡
歷史。

中國很早就有「才子佳人」之說。所謂才子，一般指的是具有才華、風流瀟灑的青年男子；而佳人，很多時候指色藝俱佳的女子。可是後來將混跡於青樓、具有才華的公子、浪子也稱為才子；而佳人則是他們送給各自青睞的妓女的雅稱。風流雅士與妓女有著千絲萬縷的關聯。

古代的風流雅士多是通過科舉考取了功名的青年士人。他們在金榜題名之前忙於讀書學習、奔走投託，各種欲望壓抑在心頭。一旦科考成功，這些士人的玩樂欲望空前釋放，妓院便成了他們滿足欲望和成就感的首選之處，而妓女也樂於接納這些功成名就的士人。因為他們的士人身分受到社會的尊崇，妓女自然也對其刮目相看。而且這些年輕士人前途無量，一旦官運亨通，有朝一日為官做宰是很正常的事情。對於靠賣笑送歡維持生計、前途暗淡的妓女而言，得到這些人的寵愛、扶持絕對是莫大的榮幸。還有一點就是，這些士人談吐不俗、風流倜儻、出手闊綽，能滿足妓女的虛榮心和物質需求。另外，妓女的名聲是靠風流雅士成全的。如果哪一位妓女得到名士名詩的讚譽，她很快就會名聲鵲起。反之，如果無人問津，只能落個門前冷落的結局。能否得到風流雅士的青睞，直接關係到妓女的聲譽、收入和青樓的聲望。

從風流雅士的角度看，他們對妓女也是有所求的。

首先，與妓女們交往可以滿足其虛榮心以及情欲的需求。其次，士人有時也要借助妓女為自己揚名。古代的科考成功與否不僅取決於考場答卷的優劣，還與有無朝中得勢大臣的支持有密切關係，而獲得權臣的好感與支持的一個重要途徑，就是在民眾中有相當的詩名。為了獲得這樣的詩名，士人需要傳播其作品。青樓妓女接觸社會各界人士，是傳播詩名的有力工具。於是眾多的士人齊聚妓院舉行詩會（有時還有公卿大夫），以圖迅速揚名天下。在青樓妓院，琴棋書畫又是名妓們的長項，她們也樂於參與其間。

如此一來，風流雅士與青樓妓女達成了一種微妙的默契，互相支撐，互相利用。久而久之，他們之間的這種和諧的關係為世人接納、認可，並形成了一種思維定勢。於是才有了「佳人配才子」之說。

小紅低唱圖　清

麗馥作於1891年。作者根據宋代詞人姜夔的名詩：「自作新詞韻最嬌，小紅低唱我吹簫。」擬意而作。「小紅」是詞人喜愛的一位擅長音律詞曲的妓女。

夢覺青樓最可憐
——妓女的悲慘生活

　　妓女身處社會的底層，受到各方的剝削和壓迫，生活極其悲慘。如果遇到生病或者其他災厄，她們更是苦不堪言，有時甚至生命都沒有保障。

　　妓女的服務對象是嫖客，她們首先要受到這些人的玩弄、虐待，甚至可以說這是她們的主要工作。在大多數嫖客心中，妓女根本就不是人，僅僅是供自己發洩性欲的工具。在狎玩妓女的過程中稍遇不順，他們便會把所有的怒氣全撒到妓女身上，肆意地侮辱、毆打、虐待。妓女沒有拒絕嫖客的權利，無論他們是老是少，是窮是富，有沒有性病，否則會遭到老鴇及其爪牙的加倍處罰。妓女在接客時，無論客人如何羞辱、折磨，都絕對不能哭，不然的話也會遭到老鴇或龜公們嚴厲的教訓。

　　妓女們即使生病也不能休息，仍然要強裝笑臉正常接待客人。行經期間，婦女的身體抵抗力最弱，按常理是絕對要停止性生活的。但有時妓女連這點起碼的人權也沒有。據說，若是遇到稍有人性的老鴇，妓女們在月經高潮期間可以停歇一兩日，但日後得「加班加點」挽回損失。倘若遇到喪心病狂的老鴇，她們全當沒那麼一回事，照樣催逼妓女接客。有時妓女被摧殘得步履艱難，臥床數月才能下地；許多妓女由此患上血瘀，或者終身不能生育。

　　在忍受嫖客們的把玩與蹂躪的同時，妓女還要遭受鴇母的虐待。

妓女使用的「代金券」
清代

妓女可用其支付車錢等用途，收款者再拿它到妓院兌換現錢。古代許多妓院用這種方法控制妓女的現錢，以防止妓女逃跑。

在鴇母眼裡，妓女是她們的搖錢樹，為了榨取更多的錢財，她們想盡一切辦法剝削妓女。例如，為增加妓女賣淫的時間，她們往往對「琵琶仔」或「清倌人」等未成年妓女進行催熟，使之能夠儘早接

客賺錢。為了提高接客的頻率，鴇母甚至在妓女們懷孕、墮胎等特殊生理期間依舊安排其接客。有時客人較多，她們除了晚上接客以外，在清晨和午後等白晝時間也要工作。

　　鴇母除了讓妓女們無休無止為其賺錢之外，還經常對這些妓女施以殘酷的刑罰，使其不敢有絲毫懈怠，更不敢有什麼跳出火坑之類的非分想法。鴇母對不肯接客或者是企圖從良的，通常指使其龜爪對其進行當眾強姦、蹂躪，破壞其殘存的貞潔和尊嚴。對於桀驁不馴的妓女，鴇母們還發明一種叫做「打貓不打人」的虐刑。具體做法是：把不服管束的妓女仰面朝上牢牢地捆綁在床上，然後將一隻貓塞進她的褲腿中，再將褲腰、褲腿口封死。之後命打手抽打那只被關在褲子裡的貓。貓被打疼了，就會在褲子裡拼命掙扎、亂抓、亂咬，致使妓女的下體被貓抓得皮開肉綻，鮮血迸流，讓妓女苦不堪言。這樣的體罰一直持續到妓女完全馴服為止。

　　妓女們在遭受嫖客和鴇母蹂躪、虐待的同時，還要受黑勢力的欺凌。妓女在「道」上混，絲毫不敢得罪地痞、流氓、無賴。這些人肆無忌憚地玩弄妓女，不但不給錢，有時還從妓女那裡詐錢。總之，妓女身受重重壓迫過著暗無天日的悲慘生活。

名妓下場

選自《點石齋畫報》。講的是：名妓朱桂仙年輕時，多與王孫公子交往，揮金如土，非常高傲。後來變成老太太，又吸大煙，形容憔悴。圖中她正領個小孩攜只竹筐，抱一舊琵琶到各煙館叫賣香脆餅。遇到了舊日嫖客，便苦中作樂彈奏一曲，甚是悲哀。

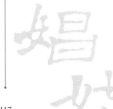

秦娥夢斷秦樓月

——歷代名妓

經過數千年的發展，娼妓業湧現出了許許多多富有盛名的妓女，她們的故事大多淒婉動人，讓人回味。至今，一些名妓的故事人們仍然耳熟能詳。

南北朝後期的名妓當屬紅拂，她早年被賣入權臣楊素府中為歌妓。因手執紅色拂塵，故而得名。紅拂慧眼識英雄，偶然的機會結識了一位名叫李靖的英雄俠義之士，一見傾心，後來竟與之私奔出長安，遇李淵父子，投其門下。李淵父子太原起兵後，李靖幫他們平定江南，建立大唐。之後攻伐突厥，活捉頡利可汗，被李世民加封為衛國公，紅拂從此成為一品夫人。

盛唐紅遍大江南北的妓女是薛濤。她的故事頗為耐人尋味。據說，她的父親薛勳一度在京城為官，後與妻子遷居蜀中。不久妻子裴氏生下一個女孩，薛勳為其取名薛濤，意為她在驚濤駭浪、顛沛流離的環境中出生。

薛濤自幼聰慧，八歲那年便以其家中梧桐為題吟詩一首：「庭出一古桐，聳幹入雲中，枝迎南北鳥，葉送往來風。」父親薛勳看到這首詩大為不悅，認為女孩口出「迎送」、「往來」之詞是為不祥，然而也無可奈何。薛濤十四歲時，家道沒落，憑藉自己的閉月羞花之貌和絕世的才華成為一名以詩樂娛客的藝妓，並且很快就揚名成都。當時的劍南節度使韋皋經略西南，聞薛濤的才華，邀其賦詩作樂，薛濤揮筆而就〈謁巫山廟〉。韋皋大為讚賞，薛濤很快成為他的座上客。韋皋有意讓薛濤擔任校書郎一職，由於她身分卑微，礙於禮教只得作罷。但薛濤由此得了「薛校書」

紅拂

傳說李靖還未功成名就時去拜見楊素，楊素家妓中有一女執紅拂向李暗送秋波。等到李靖夜歸逆旅（「女閭」）休息時，見有一紫衣帶帽者叩門而入，脫去衣帽發現是一位美女。紅拂跪地說：「我是楊家紅拂，為妓女。平素閱人無數，今日見公子氣度不凡，願托身於喬木。」於是，李靖攜紅拂逃到太原。

的雅稱。

後來，劍南節度使換了十一位，每一位都被她的絕色與才華吸引。但薛濤只愛上了比自己小十一歲的元稹，直至六十五歲與世長辭時仍不改初衷。當時的劍南節度使段文昌為其題寫墓誌銘：「西川女校書薛濤洪度之墓」。

唐代還有一位名妓——魚玄機，她從小就受到父親的悉心教誨，五歲誦詩，七歲習作，十多歲便小有名氣。父親去世後，她舉家搬到平康里（當時的妓院聚集地）。溫庭筠慕名而來，找到魚玄機，主動做了她的老師。後來她嫁給了名門之後李億，又被原配逐出家門，進了一座道觀。魚玄機受此打擊，不再潔身自愛，而是盡情放縱。她在觀外貼出「魚玄機詩文候教」的字樣，頓時賓客盈門，文人墨客趨之若鶩。魚玄機與之品茶談詩，擇其英俊者留宿觀中。不幸的是，魚玄機因與自己的女徒爭風吃醋，失手將其殺死，自己也被處以死刑，死時年僅26歲。

李師師

汴京名妓。宋代極受文人墨客歡迎，與國君宋徽宗的愛情更是流傳古今。

宋代最為出名的妓女是李師師，她原本是汴京城一個染匠的女兒，因有老僧人認為她與佛門有緣，後來就被叫做師師。長大後被經營妓院為業的李媼收養，教以琴棋書畫、歌舞侍人。李師師逐漸成為汴京名妓，連宋徽宗也聞名而至，二人日漸親密，如膠似漆。李師師因此成為中國歷史上少有的御用妓女。

明朝時，秦淮河畔有兩位名妓紅極一時，她們是邵三與楊玉香。邵三的瑤華館與楊玉香的瓊華館比鄰而建，二人的關係也非常融洽。邵三年長一些，楊玉香稍小，但都才情不俗。清代的名妓賽金花，在當時也是人盡皆知。

從古至今的名妓數不勝數，除了以上談到的幾位，還有諸如鄭舉舉、薛楚兒、顏令賓、王幼玉、楊玉香、蘇小小、徐月英、劉采春、李冶、張窈窕等走紅一時的名妓，這裡不再一一列舉。

對歷史流毒的整治

──歷代禁娼制度

　　中國的娼妓業從春秋戰國管仲設置女閭到現在，綿延兩千多年。在前期發展較為自由，在後期也經歷了一些官府的禁絕和限制，但總是一次次地死灰復燃，禁而不絕。

　　中國的歷史發展到明清時期，封建禮教的推行與普及已漸近巔峰，而且深入人心，但這時的娼妓昌盛不衰。這種矛盾的局面出現後不久，明朝政府首開了禁絕官妓的先河。據考證，明太祖立國之初，也曾設立官辦妓院。但後來發現一些官吏沉湎其中，不能自拔，甚至使政令廢弛。為了鞏固大明的江山社稷，維護「父母官」的廉明形象，政府先是下令禁止各級官吏嫖娼，違者處以重刑。之後，又將官辦妓院一併取締。這種禁娼制度的直接後果是使妓院由官辦轉為民營，商賈和市井小民更是盛行走訪妓院。一時間商妓空前繁盛。總體而言，明朝禁絕官娼的制度基本上沒能妨礙娼妓的發展。

　　清朝順治皇帝入關以後，在順治元年（1644年）設置教坊司負責宮中樂舞，到了順治八年（1652年）又停止教坊女樂，改用太監代替。順治十二年（1656年），女樂再度恢復。順治十八年（1662年）又改用太監，至此，「京城教坊司再無女子」。但其他地方（如山西、陝西）仍有官妓未被消除。到了康熙年間（1662－1722年），有一次大規模裁撤官妓，史稱「康熙裁樂戶」。這次禁娼較為徹底，不僅官娼被取締，逼良為娼也被嚴格禁止。雍正年間又頒佈「除賤為民」的政策，深得民心。至此，延續千年之久的官妓樂籍制度壽終正寢。但是，官妓雖被廢除，私妓仍未禁止。遇到災荒，缺衣少食的貧民子女照舊被賣入妓院，賣笑送歡。

對一個官妓的記載

宋代磚雕。此磚記載了穎川官妓盧媚，她端莊秀麗，口中吹氣帶荷花清香。傳聞是因為她前身為尼姑，誦念《法華經》20年，才有此異稟。

120

別有洞天

選自《點石齋畫報》。圖中講的是：蘇州道前有「花客棧」，裡面有暗室，專供嫖妓、抽大煙。某日，保甲局某巡夜委員發現這裡有男女鬼混正酣，於是命令將棧主和嫖客、妓女押送回局，房屋充公，打擊了賣淫嫖娼活動。

　　清末政治腐敗，社會動盪，民不聊生，賣淫嫖娼之風也愈加盛行。這時爆發太平天國起義，義軍領袖建立政權後厲行禁娼制度，無論官娼、私娼一律禁絕，社會風氣大為好轉。但好景不長，隨著太平天國運動的失敗，南京、蘇州、杭州、無錫等地的娼妓死灰復燃。

　　五四運動前後，反帝反封建的愛國民主運動空前高漲，人人追求「科學、民主」。婦女解放運動也轟轟烈烈地開展起來，各種婦女組織和團體無不以廢娼、禁娼作為宗旨。這在當時形成了強大的社會輿論，沉重地打擊了娼妓制度。各地方政府也頒佈了不同程度的禁娼法令，或宣佈賣淫嫖娼活動為非法。但在當時兵荒馬亂的年月，這些禁娼政策形同虛設，根本沒有任何實效。之後，共產黨和中國政府徹底地取締了各類型的賣淫嫖娼活動，並設立了婦女教養所，專門接受從良妓女，對其進行思想政治教育，教給她們一些基本的生活技能。從此，在中國大陸滋生蔓延幾千年的娼妓制度，被徹底地趕出了歷史舞臺。

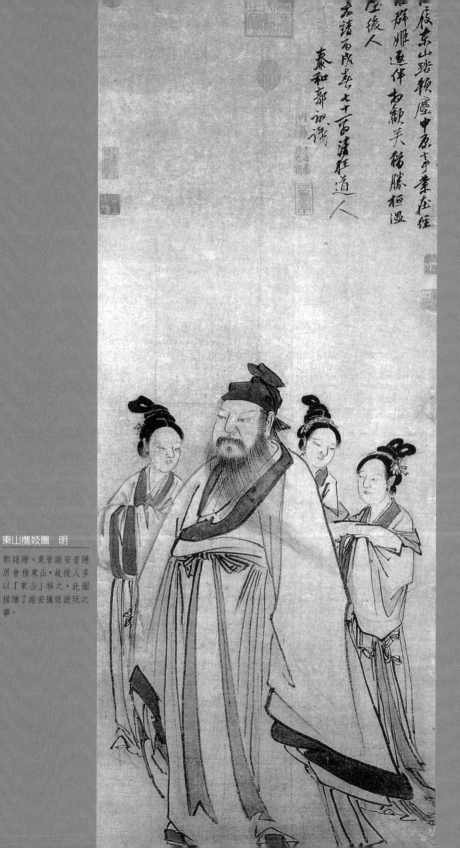

東山攜妓圖　明

郭詡繪。東晉謝安曾隱居會稽東山，故後人多以「東山」稱之，此圖描繪了謝安攜妓遊玩之事。

今年歡笑復明年，
秋月春風等閒度
—— 文學作品中的妓女形象

隋唐以前的青樓、妓女主要作為人們發洩的場所和對象，與文學關係不大。但隨著隋唐盛世的到來，青樓、妓女成為士人們娛樂、休閒、消遣的重要場所，文學作品中開始出現大量的青樓風情和妓女形象。

初唐時期的文學中，對於青樓風情和妓女形象的描寫平淡無奇，詩人們只是站在旁觀者的角度欣賞妓女的歌舞音樂。中唐的士人們突然多愁善感起來，出現了大量的「送妓」、「贈妓」、「別妓」、「懷妓」、「傷妓」、「悼妓」的詩篇。詩人們多以樂府舊題來表現妓女生活，著名的有〈襄陽樂〉、〈大堤曲〉等。當時由於大量胡妓、胡酒、胡樂傳入中原地區，因此也出現一系列反映「胡姬」的作品，如楊巨源的〈胡姬詞〉，元稹的〈胡旋女〉、〈西涼伎〉等都是不可多得的佳作。這一時期傑出詩人白居易的〈琵琶行〉則是反映妓女情懷的不朽之作。詩中描寫琵琶女樂技的「嘈嘈切切錯雜彈，大珠小珠落玉盤」，刻畫琵琶女憂傷情懷的「夜深忽夢少年事，夢啼妝淚紅闌

金谷園圖 清

任頤繪。據《晉書·石崇傳》記載：金谷園，西晉石崇始建，位於今河南省洛陽市東北。石崇作交趾採訪使時，曾買了一個歌舞妓綠珠在此居住。石崇作荊州刺史時（290年），仗勢欺人，搶劫客商，斂財無數，曾與王愷鬥富，用蠟當木材用。後來，他為綠珠得罪孫秀受到懲罰，綠珠墜樓相謝。

干」等詞句都是膾炙人口的千古名句。晚唐時候，唐朝國力日衰，世風日下，士人們多半縱情放蕩，反映青樓、妓女生活的詩作流於淫詞豔語，內容十分輕狂。

宋朝的統治者歷來重文輕武，這一時期的詩詞也多反映青樓、妓女的情意綿綿。著名的婉約詞人柳永是此類作品的大家。他寫過一闋〈鶴沖天〉：

黃金榜上，偶失龍頭望。明代暫遺賢，如何向？未遂風雲變，爭不恣狂蕩，何須論得喪。才子佳人，自是白衣卿相。

煙花巷陌，依約丹青屏障。幸有意中人，堪尋訪。且恁偎紅翠，風流事，平生暢。青春都一晌。忍把浮名，換了淺斟低唱。

這闋詞使得失志潦倒的柳永極受煙花女子的青睞，他死後極其淒涼，據說是京西的妓女們湊錢將其收殮埋葬。除了柳永，張憲、黃庭堅、秦觀、柏士、張炎以及蘇門四學士也都寫過一些反映青樓風情的詞。

元代是曲的天下，元曲分為散曲和戲劇兩大類。流連風月、輕佻無聊的浪子情趣多體現在散曲中，而對妓女生活的真實寫照則充斥於雜劇中。其中有許多專門表現妓女生活的雜劇作品，最為著名的是《救風塵》。劇情主要反映了風塵女子趙盼兒憑藉自己的美貌，巧用各種風月手段拯救處在水深火熱的同行姐妹的故事，作品的題名「風月救風塵」充分表現了其主旨。元雜劇有《錢大尹智寵謝天香》、《杜蕊娘智

潯陽妓

詩人白居易左遷九江郡司馬時，送客至渡口。聽見船中有人夜彈琵琶，得知彈奏者以前為妓女，現在是商人婦。因感懷其昔榮今衰的情形與自己相似，故作〈琵琶行〉。此圖依《百美圖》繪。

賞金線池》、《江州司馬青衫淚》、《李素蘭風月玉壺春》和《荊楚臣重對玉梳記》等作品也是反映妓女生活的。

明清之際的青樓妓院多集中在秦淮河兩岸，那裡由於工商業的迅速發展，出現了許多商業重鎮。當地的富商巨賈多以狎妓徵歌為樂。這一時期反映青樓文化的代表作品是《桃花扇》。作品中，作者對李香君這一風塵女子推崇有加，也是反映了當時人們的心態。

從隋唐至明清的文學作品，其間反映青樓風情和妓女形象的佳作層出不窮。但總體而言，這些作品的情趣從前至後，逐步地由高雅的趣味流於世俗，離普通人的日常生活和思想感情越來越近。

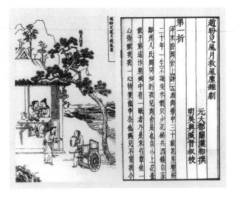

《救風塵》書影與書中插圖

敘述妓女宋引章被周舍騙娶以後遭到虐待。宋的結拜姐妹趙盼兒用計將宋救出，將其嫁給安秀才。

今日秦淮河

相傳秦始皇聽信風水先生之言，引淮水入長江，所以有了秦淮河。昔日這裡是「風華煙月之區，金粉薈萃之所」。當年繁盛之時，遊船如梭，簫鼓之聲不絕如耳。

卷五　殘缺的人，陰暗的心

宦官，指的是中國歷代封建王朝皇宮中的內侍，也叫做寺人、閹人，明朝以後稱太監。這些內侍由被閹割過的男人進宮擔任，其職責主要是操持朝廷的後勤事務，一般不允許他們參與國家政務，當然也有例外。

歷代宦官代表人物及其事蹟

代表人物	主　要　事　蹟	活動時期
趙　高	原為趙國貴族，亡國後為宦官。逼殺胡蘇，將蒙恬下獄，幫胡亥篡位，誅殺李斯，指鹿為馬，葬送秦王朝。	秦朝
董　賢	漢哀帝的男寵，深得皇帝喜愛。「斷袖之癖」典出於他。	漢朝
童　貫	少年淨身入宮。精於媚術，很討宋徽宗歡心。後與蔡京把持朝廷軍政二十多年，排擠朝臣。	北宋
魏忠賢	原為市井無賴，入宮後善於拍馬屁，地位與權勢日增。明熹宗朱由校時，他擅權干政，仗殺朝臣，結黨營私，大興冤獄。	明代
劉　瑾	明帝時宦官，非常兇殘。曾為懲罰講他壞話的人，矯上下令朝臣在奉天門受罰，致使十人昏倒，三人曬死。	明代
李蓮英	清代品位最高，權勢最大、財富最多、任職時間最長的一位宦官，慈禧身邊的紅人。藐視朝臣，弄權作惡。	清代末期

宮者使守內，以其人道絕也

——什麼是宦官

宦官，指的是中國歷代封建王朝皇宮中的內侍，也叫做寺人、閹人，明朝以後稱太監。這些內侍由被閹割過的男人進宮擔任，其職責主要是操持朝庭的後勤事務，一般不允許他們參與國家政務，當然也有例外。

在中國，宦官由來已久，最初的來源是受過宮刑的犯人。據考證，商朝的甲骨文就有「凸刀」一字，其義與閹字相通，可見當時已有將人閹割的做法，但並沒有將這些閹人作為宮廷內侍的紀錄。但西周時已有使用閹人的確切記載，《周禮》中就有「宮者使守內，以其人道絕也」的說法，意思就是讓那些受過宮刑的人看守內廷，因為他們已經失去了性能力。當時的閹人數量很少而且地位低下，大多負責後勤雜役以及傳令等瑣碎的工作，充作家奴。後來隨著中央專制集權的擴大和發展，到了戰國以及秦朝時，被處以宮刑的人越來越多，同時使用閹人的機構也隨之增加。這些人逐漸形成一個特殊的群體，扮演著一種特殊的社會角色，有時甚至捲入政治漩渦之中，興風作浪。

漢朝建立以後，因襲了秦朝的宮廷制度，把侍候皇帝及皇族的人統一叫做「宦者」或「宦官」。之所以稱這些人為宦官，據說是因為在占星術中天帝星旁邊有一個叫做「宦者」的星座。但這裡的宦官還與現代我們

所說的宦官有一定的差異，因為那時不是所有的宦官都經過閹割。到了東漢時，才規定宦官必須全部經過閹割。東漢的宦禍極其嚴重，一度出現宦官與外戚交替專權的黑暗政局，是大規模的宦官當政首次出現在中國歷史上。

隋朝以後，宮刑不再作為正式的刑罰。但眾所周知，宦官有機會大規模收受賄賂甚至干預朝政，於是許多人自願被閹割進宮作宦官。盛極一時的唐朝，在其末年又一次出現大規模的宦官當政。當時的宦官竟然敢於弒殺皇帝和皇妃，誅戮大臣更不再話下。兩宋時期也出了一批有名的宦官。他們有的充當了鎮壓人民起義的劊子手（如王繼恩），有的謠言惑眾（如周懷政），還有的瞞上欺下、殘害民眾（如李憲）。

明朝時，宮廷內部設立了十二監二十四衙門，為首的被稱為掌印太監，這些職位都是由一些宦官出任。「太監」一詞又是怎麼來的呢？它最早出現於契丹語，本來指的是一種政府高級職位，並不一定由宦官擔任。明朝將其引進時，把它變成了高級宦官的稱謂，後來逐漸成為對宦官的統稱。宦官制度在明代時發展到了巔峰。從數量上看，明末宦官的人數達到數萬之多；從分布上看，他們遍及政府的各個部門；從職能上看，以太監充任的特務遍佈全國各地，嚴格監視人們的言行。

清朝的宦官統稱為太監。在建國之初，朝廷就針對太監制定了十分嚴格的律令，絕對禁止其干預政治。因此直到清末除了一兩個受寵的太監外，宦官弄權的局面再也沒有出現過。至此，宦官制度也走到了盡頭。

三彩宦官俑 唐

唐德宗十分寵信宦官，宦官們恃寵而驕，不擇手段剝削百姓。他們在「宮市」用十分之一的價格付款，甚至往街市上望一望，看見喜歡的拿了就走。

宦官：皇室純正血統的犧牲品
—— 宦官制度存在的原因

　　世界史中，製造大量的宦官供帝王及其親族在皇宮內苑驅使，無論東方、西方都曾經有過，但只有中國的宦官制度歷久不衰，延續數千年，這有其深遠的內在原因。

　　從歷史的角度分析，中國的宦官制度可以追溯到遠古時期。種種跡象表明宦官制度產生的心理基礎，出現於父系氏族社會晚期。在成熟的父系氏族中，男性長輩只願意在死後將權力、財產傳承給子孫，而不是別人的後代。因此，保證自己子孫後代血統的純正，至關重要。而在大家長左右侍候的男性家奴極易與其妻妾私通，從而破壞該家族血統的純正。於是父系氏族的領導者就採用閹割男性家奴的手段來杜絕他們與妻妾私通，達到保證家族血統純正的目的。這種宗法觀念及相關做法為歷代帝王所接受，逐步發展為系統的宦官制度。

　　從鞏固政權的角度分析，宦官制度有利於維護高度集中的專制政治體制。帝王們自登上寶座的那一刻起，便想盡全力維護自己的權力，以免大權旁落。而侍候在自己周圍的下人雖然不是官員，但朝夕相處，對自己的言行舉動瞭若指掌，因此人選十分重要。而朝中的文官武將本身已具有相當的權力，不能再給他們接近自己的機會，因此需要一些比文官武將更信得過的忠實奴僕在自己的周圍侍候，負責處理雜役和傳達自己的旨意。

　　後宮中數以千計的佳麗，使得皇帝不得不考慮這些家奴與嬪妃私通的問題。而被閹割過的宦官既可以充當皇帝忠實的走卒，又不能與後宮嬪妃亂倫，是皇宮僕役的最佳人選。宦官由於喪失了性能力和生殖能力，不會有家眷和子嗣，牽掛較少，可以更加盡心竭力地效忠最高統治者，這一點為歷代的統治者所看重。因此，歷史上中央集權制度越完善的朝代，宦官制度也就越健全。但任用宦官最終能否達到

捍衛中央集權的作用則另當別論，因為歷史上不只一次出現宦官把持朝政，禍亂朝綱的插曲，這又嚴重破壞了專制集權。

從社會地理的角度分析，中國本土具有優越的自然環境，十分雄厚的農業經濟基礎，中華民族的生存從來不是問題。即便是遇到重大災害，政府一般都能採取一定的措施恢復正常的生產和生活秩序。統治者的中心任務始終如一地鎖定在如何鞏固和加強自己的權力上，而按照一般的邏輯思維，任用宦官可以加強權力，因為他們沒有親族，不會形成以其自身為核心的權力集團。典型的例子是明朝任用宦官設立西廠、東廠等特務機構，監視官民的言行。

總之，無論是為了防止私通保持皇家血統的純正，還是出於鞏固和加強專制的中央集權的需要，宦官制度都只是最高統治者的一個工具，而千千萬萬的宦官則是這個制度下的犧牲品。

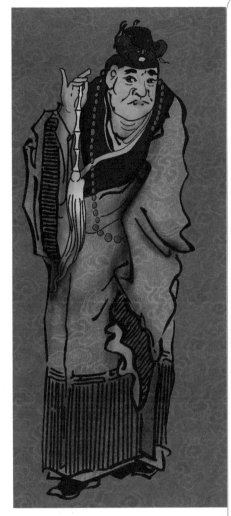

劉瑾

明武帝宦官，為人十分兇殘。一次，劉瑾在退朝時發現了揭露自己罪行的匿名書，矯旨令百官跪在奉天門受訓，經太陽曝曬，致使十餘人暈倒，三人渴死。平時，他更是殺宦吏、百姓無數，斂聚黃金、白銀，無惡不作，貪得無厭。

宮內宮外走卒，鞍前馬後效勞

——宦官的職責

　　宦官的主要職責是處理宮廷雜役，兼傳達皇帝、皇后、太后等人
的旨意，但不同的朝代或歷史時期也有一些差異。

　　首先說宦官的日常職責。據記載，西周時宦官的職責只是看門守
戶，組織上有宰相負責對這些人進行管理。戰國時，宦官職責擴大到
掌管內宮雜役，有宦者令對其進行統一管理。秦和西漢時期，宦官的
基本職責沒有太大的變化，只是對其管理者的稱謂增加了「將行」、
「衛尉」、「大長秋」等。到了西漢末成帝年間（西元前32－前7年），在
宦官中才又加設了「太僕」一人，專門為太后掌管車馬事宜，後來通稱
為皇太后卿。此後，掌管這一類事情的宦官大都以太后的後宮名為官
號，如長信少府、長樂少府等。

　　東漢建立後，宦官中設有大長秋之職，負責傳達中宮的懿旨。另
外還有中宮僕一人，負責駕車；中宮尚書五人，負責文書；中宮謁者
令一人，中宮謁者三人，具體負責通報消息，聯繫內外；中宮永巷
令一人，主管宮中僕役。由此可見，早期的宦官主要是在後宮服
務。

　　隋朝以後，宦官制度逐步健全。隋初設立了內侍省以及
領內侍、內常侍等宦官職位。隋煬帝時，內侍省的負責人稱為長
秋監，下轄令一人、少令一人、丞二人，共同掌管宮廷的內部事務。
唐代的宦官制度更為複雜，在內侍省下面設立六局，依次為掖庭、
宮闈、奚官、內僕、內府、內坊等，各司其職。掖庭局負責後宮的簿
賬和名冊以及女工事宜；宮闈局掌管後宮的門戶，檢查出入人員，
還要為皇帝、皇后等人扈從掌扇；奚官局負責宮裡下人的生老病死
等事；內僕局則主要掌管宮中車馬；內府局掌管宮中的收藏品以及
日常所需的燈燭、湯沐、張設等購置和保管。

　　中國的宦官制度在明朝發展到了極致。明太祖設九監、二庫、六

慈禧在頤和園仁壽殿
前乘輿照

前為總管太監李蓮英
（右）、崔玉貴（左）。

局，後來又進一步發展成二十四衙門。太監的職責從批答文武大臣的
奏章，宣旨傳諭，營造宮殿陵墓，採辦家具、木器、妝奩器用，到負責御
膳、筵宴及宮內食用，掌管寶璽、敕符，掌管御用衣帽、靴鞋，無所不
包。總之，宦官的日常職責就是全面負責皇帝及其親眷的吃喝拉撒睡
等相關的雜項。

　　宦官除了其日常職責之外，在特殊的歷史時期，還常常被委以重
任，擔任一些特殊的工作。典型的宦官擔當重任出現在唐代和明代。

　　唐代後期一度出現了嚴重的藩鎮割據局面，朝廷在派兵討伐各
地的反叛勢力經常以宦官為監軍，與軍隊的統帥共同指揮軍隊。有時
皇帝直接委任宦官為觀軍容使監視統兵將帥的言行，如代宗時的魚
朝恩，僖宗時的田令孜都曾擔任此類要職。到了明代，宦官的權力更
加膨脹，達到無以復加的地步。首先是設立由宦官負責的東廠、西廠
等特務機構，對官民的言行嚴加監視；其次是參與財政管理，經理倉
場、提督營造、珠池、銀場、市舶、織造等項。另外，明朝時還派遣宦官
作為使節出使番邦，撫馭四方。七下西洋的鄭和就是明成祖朱棣的寵
信太監。

　　宦官無論行使其日常職責還是擔負特殊任務，都是充當最高統治
者的走卒，鞍前馬後地為其效勞。至於他們是為歷史發展做出積極的
貢獻，還是阻礙歷史的發展，則因人而異，不可混為一談。

宦官

雜役之後的私人世界
——宦官的日常生活

　　宦官生活在嚴格的等級之中。清朝的末代皇帝溥儀在其自傳《我的前半生》一書中對太監（清時的宦官稱太監）的等級狀況作了詳細的介紹。按照他的說法，清代的太監大致可分為總管、首領和一般太監。

　　清朝後宮內48處的太監總共不下3000人，地位最高的是兩個太監總管，這兩個位置在清末長期由李蓮英和張謙占據，都是二品頂戴。他們下面是各處太監最高的首領，稱為三品花翎都領侍。都領侍下面是九堂總管，其品位在三品到五品之間。九堂總管下面是一般的太監首領，其品位從四品到九品不等。在這些首領下邊是人數最多的一般太監。另外，在各宮殿中服侍的太監也設有總管、首領、掌案的、回事的和小太監等級別。

清末的太監

右起：長春宮太監張海亭，養心殿御前太監、七品補服劉興橋，養心殿東夾道二帶班、六品補服王鳳池，養心殿御前太監楊子真。

不管稱謂如何變化，其等級是異常森嚴的，待遇也不一樣。太監首領、總管們本身有許多小太監侍候，有自己的起居室、小廚房、乃至「家眷」。他們每天吃的是山珍海味，穿的是綾羅綢緞。據說清末一個

太監的寺廟

二十世紀三、四十年代攝於北京。這座寺廟是為紀念明代士兵鋼鐵而修建的。據說皇帝離宮時委託他執掌皇宮，他為表示忠心和誠意請人把自己閹割成為太監。

太監二總管，冬天每天都換一件新的，其中一件反毛全海龍皮褂價值連城，也算得上窮奢極欲了。而下面的太監們只能按規定領取微薄的薪俸，太監的月銀最高是銀八兩、製錢一貫三百、米八斤；最低的只有月銀二兩、製錢六百、米一斤半。他們常常吃總管們的殘羹冷炙，低眉順眼地服侍上司，還免不了挨打受氣。清末的老太監信修明曾經說過：「早來一日為師，晚來一日為徒，太監管太監，甚於宮刑。」

太監由於被閹割，身心遭受嚴重地摧殘。從小被閹割的太監，說話聲音細弱如年輕女子，體態臃腫，肌肉鬆軟；成年被閹割的太監，就成了一副公鴨嗓。待年紀稍長，太監們的肌肉就會萎縮，從而出現大量皺紋，看上去像個乾癟的老太太。這種身體狀況帶給生活諸多不便的同時，也嚴重影響其精神活動。他們很忌諱別人提到自己的殘缺，甚至有人講沒尾巴或短尾巴的動物或沒把兒的茶壺，他們都會跟自己殘缺的身體聯想起來而嗔怒。他們在入宮以後，習慣以受閹日為誕辰，一切星壬算命都用這個日子。

太監在宮中生活於皇帝身邊，有許多阿諛奉承皇帝的絕好機會，一些太監因此得寵。由於太監們多半自幼進宮，與外面的世界聯繫不多，皇帝在很多時候認為他們是身邊最可信賴的人，而有些大太監就是從小服侍他們長大的人，這種信任關係就更容易建立起來。儘管如此，朝廷一般的公卿大臣們都很瞧不起他們。

他們入宮以後與親戚斷了聯繫，很多時候又遭到歧視，因此很憐憫弱者，也會毫不吝惜地施捨窮人，絕少跟小商小販爭價計較，表現得大方。因為寂寞，太監們大多喜歡養貓狗做伴兒。其實絕大多數太監終生不得勢，渾渾噩噩地度過殘生。

殘缺生活的刻意圓滿
——宦官的私生活

宦官們除了侍奉皇帝及其親族，完成自己分內的宮中雜役之外，也有著屬於自己的私生活。不過他們的私生活一般鮮為人知。

宦官們私生活的重要內容是「高升」和「還升」。所謂的高升，就是將自己被割下的一個陽具和兩個睪丸連同淨身契約（淨身時淨身師與淨身者家長訂立的契約，上寫明「自願淨身，生死不論」的字樣）存放在一個裝有半升石灰的升裡，外面用大紅布把升包裹嚴實，紮緊，送到房梁上，這叫做紅步（布）高升，該升又稱為「高勝」。太監在升遷時，必須拿出「高勝」請上司查驗，以證明其身分。有的時候，由於某種原因弄丟了「高勝」，就只好去借用或租用他人的。宦官死後，還要將「高勝」放進自己的棺材埋掉，他們認為這樣做可以使自己在陰間重又恢復為「男性」。

還升是太監一生中的大事，其實就是骨肉還家，這件事多在四五十歲時辦理。在還升的日子，由過繼的兒子從淨身師家請出「升」來，將其送到墳地。太監本人等候在那裡迎接「升」，然後取出淨身契約當眾焚燒，這時太監對著祖墳長號，「爺給的骨頭，娘給的肉，現在我算是捧回來，今天算我重新認祖歸宗的日子啦！」

除了高升、還升，宦官的私生活還包括結婚一項，儘管他們沒有性能力。據葉文莊的《水東日記》記載，宣宗時曾賜予宦官陳蕪宮女二人，名之曰夫人。此外，宦官多有與宮女結

瓷陽具

河北靜海出土。清代太監死後陪葬用品。他們以「完屍」，好有面目去見列祖列宗。

成「對食」者。宮女與宦官同居宮中，長期相處，日久生情，再通過媒妁之言，就結成「對食」（有的稱為「菜戶」），類似婚配。對於這種情況，皇帝也認可，有時與宦官戲謔就問：「你的菜戶是誰呀？」

據前清的老太監孫耀庭說，娶妻、玩女人，在清末宮廷中是很時興的，而哪個太監有了錢之後沒有娶妻狎妓，倒是新鮮事。不過當太監的妻子是件很不容易的事，太監們大多心胸狹窄，嫉妒心也最強，而且有許多是虐待狂，整人的手段陰險毒辣。因此太監的妻妾多半只是其施虐的對象。

太監們不僅娶妻，而且還收養子嗣。因為在封建社會人們普遍認為「不孝有三，無後為大」，所以太監為了盡所謂的孝道，就收養子。據《後漢書·宦官列傳》載，漢順帝時不僅允許宦官收養子，還允許這些養子承襲宦官的爵位。到了清末，「大凡太監幾乎沒有不認過繼子以承香火的」。

宦官們在宮中小心翼翼地侍候皇帝或其他皇家親眷一輩子，到年老以後也想如常人一樣回到家鄉，買房置地，有時再收個養子，也就算「落葉歸根」了，而得勢的大宦官更希望封妻蔭子，頤養天年。

彩塑太監雕像　明

宦官制度的最終受害者
——宦官的悲慘命運

　　幾千年來，宦官作為一個特殊的人群，無論是從小還是成年以後被閹割入宮當差，無論其得勢還是不得勢，其命運一般都是極其悲慘的。

　　宦官一生的悲慘命運是從受閹之日開始的，而宦官們一般也以這一天作為自己的誕辰。被閹割的人仰臥在炕上，由一個人按住其腰部，另外還需兩個人分別固定其兩條腿，然後用布紮緊其腹部以及大腿根部。閹割前先讓其喝臭大麻水，使其神志不清，皮肉發脹發麻。再用辣椒水清洗陰部，主刀者最後問一次被閹割者後悔與否，待其說「不後悔」後，遂將其陰莖和陰囊割下。為避免術後尿道粘連，以白蠟管插入尿道，最後用冷水浸濕的紙將傷口包紮。之後由人架著被閹割者走兩三個小時才能躺下。為避免排尿感染傷口，三天之內不能喝水，三天後將蠟管拔出，噴出尿液，手術宣告成功。但進宮時還要接受嚴格的檢查，一旦被發現「去勢不淨」，是不能進宮的。

　　從閹割的過程可以看出，閹割是最殘酷、最不人道的「手術」。而每個宦官都要經歷此劫，從這一點足見其命運之悲慘。劫後餘生的宦官在進宮以後，擔任皇帝的家奴，經常做一些低賤的事情，他們只能奴顏婢膝地侍候人，毫無人格與尊嚴。比如，皇帝巡遊在路邊休息時，經常以宦官當作板凳來坐，睡覺時又把他們當枕頭來枕。還有的

宮廷裡的老太監

赫達‧莫里遜二十世紀三、四十年代攝於北京。1912年民國成立後，許多宮廷太監就只好到廟裡生活了。

皇帝想盡一切辦法欺侮宦官，以此為樂。據說，清朝的同治帝載淳最喜歡讓太監仰躺在地上，張開嘴巴，然後往其嘴裡撒尿，還覺得灑到外邊的越少說明水準越高，他也就越高興。慈禧太后在高興時也要打太監，還稱之為「喜打」，不高興時更不用說了。

在小心翼翼地侍候皇帝之餘，宦官們有時也得到皇帝的恩賜。比如，有的宦官父母

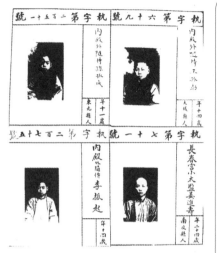

親亡故，皇上當著大家的面賞銀十兩，就算是最大的「恩典」了。有的宦官不堪忍受宮中的悽楚，偷偷地溜出宮去，但一旦被抓回來大多數被處以極刑。所以宦官們從入宮之日起，一切都不再屬於自己。是福是禍，只能聽天由命。即便是東漢的張讓、唐朝的李輔國、明朝的王振和劉瑾那樣得勢成為一代權閹，攫取巨額財富，最終也只能落一個死無葬身之地的下場。而一般的宦官死後，往往是用一張破舊的草席草草地包裹一下，隨即扔到郊外了事。一個宦官就這樣無聲無息地消失了。宦官們的陰魂伴著淒風苦雨，孤獨地遊蕩在莽莽原野。

從遠古時代宦官制度誕生算起，這樣的冤魂不知有多少，他們無不控訴著宦官制度的罪惡。

宦官

畸形與變態

—— 宦官的人格及心理行為

　　宦官由於生理上的殘缺，以及長期生活在皇帝、后妃、外戚、權臣的夾縫之中，久而久之形成了畸形的人格和變態的心理行為。

　　宦官整天奴顏婢膝地伺候人，生活毫無情趣可言，而且沒有家，沒有知心人，沒有後代，沒有前途，沒有希望，因此他們閒下來就會覺得孤獨無聊。即便個別宦官偶然能夠達到權力的頂峰，但他們的內心仍是苦悶的，於是一旦得勢就拼命撈錢，迫害臣民，這便是窮極無聊的變態心理的表現。而一般的宦官則以賭博、喝酒打發時光，藉以麻醉自己的神經。《明史‧火集》描述宦官們的日常生活時說，他們「三五成群，飲酒擲骰，看紙牌，耍骨牌，下棋打雙陸……」這便是宦官們孤獨無聊的心境在現實中的反映。

　　宦官們生活孤獨無聊，又兼自身文化素質偏低，因而都很迷信。在宦官們看來，宮中的銅鶴、水缸、花樹、古井等事物，甚至一塊石頭都是能成精顯靈的。至於那些有名有號的神明，如關聖帝君、真武大帝更是神聖不可侵犯的。宦官們還很信命，認為自己之所以做宦官都是命運的安排。宦官不僅迷信而且忌諱頗多，當然最忌諱別人說「閹」字。據說，北宋的名臣錢昂就是因為當著大宦官童貫面說「閹」字而觸怒了他，從而被貶到了不毛之地。

　　宦官們的變態心理還表現

太監當差　清

清代儲秀宮回事太監趙興振正在為爛妃看寵物貓。太監們分工很細，這個太監平時管溝通宮內各部門資訊，偶爾也侍候貓貓狗狗。

太監在御花園內
清代

這有一群太監在玩遊
戲，好像是投擲之類。幹
完雜役之後遊戲賭博，
也是苦中作樂。

在其貪婪揮霍無度上，中國歷史上攫取巨額財富的宦官數不勝數。據說，唐玄宗時京城中的高宅大院有一半是宦官的。明代宦官更是貪婪成性，一次抄宦官尚銘的家竟「得資數萬，輦送內府者，累日不絕」。那些得勢宦官可能富過王侯。

宦官們在自己身心受到劇烈摧殘之後，往往會喪心病狂地摧殘他人。如明代社會上流傳「吃童腦陽具再生」的說法，福建抽稅太監於是遍買童稚，食其腦髓。後來此事張揚出去，民間沒有人肯賣小孩給他，他便令人到別處盜搶兒童，各地丟失的兒童數不勝數。老百姓也成為宦官們大施淫威的對象。據《山堂別集‧中官考入》記載1519年太監強徵民女的事說，「太監吳經至揚州，選民居壯麗者為提督府，將駐蹕焉。經矯上意，刷處女寡婦。民間洶洶，有女者一夕皆適人，乘夜爭門逃匿不可禁……」宦官的兇殘可見一斑。

宦官生理上的畸形導致其心理上的畸形，最後形成扭曲的人格和變態的行為，而這一切造成的嚴重後果大多數情況下還要由底層的勞苦大眾承擔。

歷史恥辱柱上的權閹

——禍亂朝政的宦官

在中國長達數千年之久的歷史中，宦官可謂不計其數，大多數都被人們所淡忘了。但其中一些臭名昭著的宦官禍亂朝政，帶給人民無窮的災難，永遠受人唾棄。

秦朝時的趙高是中國史上的宦官第一人。他原本是趙國的貴族後裔，趙亡後被俘虜入秦，閹割做宦官，後來因照顧秦始皇的少公子胡亥細緻入微，深得秦始皇賞識，地位逐漸攀升，其野心也一天天暴露。秦始皇死後，趙高陰謀逼殺了公子胡蘇，又將大將軍蒙恬下獄，說服胡亥篡位。事後被封為郎中令，得以控制朝綱，接著他又設計誅殺了李斯。為排除異己，趙高指鹿為馬，完全掌控了朝政，最後逼殺二世，徹底葬送了不可一世的秦王朝。

童貫是北宋的大權閹，少年淨身入宮。他為人乖巧，精於媚術。徽宗即位後，他用盡渾身解數，獻古玩，弄字畫，費盡心機討得這位風流天子的歡心，從而為自己鋪就了通往權勢的大道。他還與奸佞蔡京聯手，排擠朝臣。史書上記載，「公（即蔡京）媼（即童貫）二相，互相勾結，獨霸北宋軍政大權，朝野百官，盡出其門」，宦官童貫成了名副其實的「童大王」。更讓人不解的是，童貫操縱兵權達二十年之久，在與遼、金的戰爭中屢戰屢敗，他卻穩如泰山，足見權謀之深。

魏忠賢本是一市井無賴，後因輸光賭本，無

奈之下自閹入宮做了太監，因其善於拍馬屁，又與皇孫的乳娘客印月打得火熱，並結成「對食」，地位和權勢日增。熹宗朱由校即位後，他攬權干政，飛揚跋扈，杖殺朝臣，結黨營私，大興冤獄，殘酷鎮壓東林黨人。他一方面獻春藥使皇帝淫逸，另一方面自己也娶妻納妾，不知坑害死多少民女。

　　清末的大太監李蓮英是清代品位最高、權勢最大、財富最多、任職時間最長的一位權閹。他對主子慈禧太后百般巴結討好，對同類又是極其兇狠殘暴。他依仗慈禧的寵信狐假虎威，連光緒皇帝都要避讓三分。

　　除了以上述及的宦官之外，東漢末年的張讓、唐代的李輔國、明朝的王振和劉瑾，以及清末的安德海等人都因禍亂朝綱而昭著於世。

慈禧扮觀音，李蓮英扮韋馱

李蓮英，清時慈禧手下紅人。任職時間極長，害人無數。

指鹿為馬

　　秦王朝日漸崩潰，趙高的野心一天天增長，並企圖奪取皇位，但又擔心群臣反抗，便導演了「指鹿為馬」的鬧劇來試探群臣對他的看法。在一次朝會上，趙高帶來一隻鹿，指說是馬。秦二世先說：「丞相說錯了，這明明是鹿呀！」問左右大臣，大臣有的附和趙高說是馬，有的不語，有的說鹿。後來，趙高便暗暗把說是鹿的人除掉了。

另類職業，簡單人生

據史學家考證，乞丐自原始社會的氏族公社解體以來，一直存在。原始型乞丐因採取哀乞苦討的方式而得名。古書上稱這類乞丐為「乞兒」。他們有的是由於一時落魄走到這一步，或遭遇天災人禍淪落至此，只能靠行乞苟延殘喘。

歷代乞丐代表人物及其事蹟

代表人物	主 要 事 蹟	活動時期
晉文公	流亡途中行乞，後來為晉國國君。	春秋戰國
伍子胥	為楚大夫伍奢之子，遭滿門抄斬之罪後流落民間，以乞討為生。後逃到吳國，被吳王重用，幫助吳國建立了霸業。	春秋戰國
沈 約	幼時行乞，後成為文學家，官至尚書令。相傳沈約發明了四聲，並開始有意識地運用平仄來作詩。著有《四聲譜》。	南北朝
韓熙載	一位怪人，官高位貴卻以在妓院等處行乞為樂事，官至兵部尚書。	唐
朱元璋	自小家鄉鬧災，瘟疫橫行。他先前在龍興寺出家，後成為行腳僧，又逐漸淪為乞丐，混跡安徽、河南一帶，直至遇到郭子興的義軍才開始發跡，為明朝開國君主。	元明
張 標	為人行俠仗義，曾假扮水鬼嚇退橫霸一方的惡霸「魚鷹」，為漁民奪回梁山水泊。	清末

另類職業的三六九等

—— 乞丐的類型與稱呼

《飢民圖說》書影

明代楊東明編繪。明朝中後期，黃河氾濫，造成了黃河中下游的巨大損失。萬曆二十一年（1593年），河南黃河段發生嚴重水災，人民流離失所。許多人成為流民、乞丐。官員楊東明將此情形用圖繪方式編輯成冊，取名《飢民圖說》，與奏摺一起呈獻給皇帝。

據史學家考證，乞丐自原始社會的氏族公社解體以來，一直存在。今天我們在城市、農村的街頭巷尾仍然可以看見他們的身影。時間長了，人們還根據其行乞的方式對其進行了分類。

原始型乞丐因採取哀乞苦討的方式而得名，古書上稱這類乞丐為「乞兒」。他們有的是由於一時落魄走到這一步，或遭遇天災人禍淪落至此，只能靠行乞苟延殘喘。他們一般非常樸實，沒有乖巧之詞，膽小怕事。這類乞丐是真的乞丐，其境遇可憐，比較能得到世人的憐憫。他們真正處於社會的最底層，境遇之苦有時是常人所不能想像的。歷史上這類乞丐有的吃馬糞，有的吃瓦片、石頭，還有的被一些變態吃人狂捉來吃掉。

賣藝型乞丐，指那些有一技之長，並以此招徠看客而且能博得其歡心，從而換取施捨的乞丐。這類乞丐是宋元以來城市經濟發展和社會文化繁榮的產物。賣藝型乞丐較之原始型乞丐多了一些江湖本事，但也添了些偷騙的手段。平時，他們或吟詩唱曲，或表演一些雜技，如吞刀、耍蛇、耍碗、耍猴等。一旦有機會他們能偷則偷，能騙即騙，「順手牽羊」也是家常便飯。可以說，賣藝型乞丐的形成時期也是乞丐群體的主流向流氓群體轉變的時期。

勞務型乞丐，指的是那些從事一般人不願或不屑做的低賤、骯髒、辛苦的勞務，以此換取施捨的乞丐。比如清末包頭的乞丐頭帶領著一幫乞丐專門做一些收殮死屍、巡更之類的工作，以換取微薄的酬金。北京的杠房，人們每逢紅白喜事都雇一些乞丐打雜。據《清嘉錄》記載，舊時每到歲末，有乞丐到街頭擊柝叫「天乾物燥，小心火燭」，

從事這種營生的乞丐被稱為「叫火燭」。

殘疾型乞丐，即肢體殘疾，喪失勞動能力的乞丐。這一類乞丐的情況較為複雜。他們當中有的是真的先天殘疾或後天致殘，無親無故，自身又喪失勞動力，只能靠乞討過活，著實可憐。這些乞丐往往得到人們的同情，很容易獲得施捨。但一些別有用心的正常人看到這樣的乞丐容易掙錢，於是就裝扮成殘疾的乞丐以此騙取人們的同情，達到斂財的目的。早在明清之際這種假的殘疾乞丐就存在了。比如，在地上爬行的殘疾乞丐叫做地黃牛，癱在地上的叫披街，滿身瘡痍的叫金錢豹，以手代足行進的叫踏定勝。

流氓無賴型乞丐表面上是乞丐，實質上則是披著丐皮的流氓。他們坑蒙拐騙，偷淫搶掠，無惡不作，嚴重危害著正常的社會秩序。這些乞丐不是行乞，而是強行勒索錢財。只要是他們瞅准了目標，就一定得榨出油水，不然就橫加侮辱、誹謗，使人不能正常生活、營業。有的時候一群流氓乞丐還襲擊某些商賈，砸他的商鋪或攤位，迫其就範，拿出錢財。

上述各種類型的乞丐也只是「丐幫」這個大群落中的一小部分而已，其他還有許多形形色色的乞丐，或者是綜合了多種特點於一身。無論其以什麼樣的面貌出現，都不會跑出乞憐或騙錢或二者兼而有之的圈子。

製絲入倉

清代吳俊作，約成於西元1870至1890年間。此圖主體為廣益絲棧白絲入庫情形。而畫面左下處，有一對瞎子結伴路過。他們衣著整潔乾淨，但隨身攜帶鋪蓋，似在沿街乞討。

行有行規

——乞討的「禁忌」與「行規」

　　乞丐，地位上非常卑微，組織上很是鬆散。儘管如此，乞丐在行乞的過程中也是有一定的忌諱，當然這種忌諱因人而異；在乞丐組織——丐幫中也有一些所謂的行規，不過有時這些行規形同虛設，甚至自相矛盾。

　　乞丐雖然行乞，不過有時有些乞丐還是顧及自己的人格和尊嚴，他們不食嗟來之食。這個典故出自《禮記‧檀弓下》，說是齊國的黔敖把食物擺在路邊，一個形容枯槁的乞丐經由此地，黔敖面帶譏諷地說：「嗟，來食！」乞丐說：「我若接受這種帶有侮辱性的施捨，就不會落到今天這個地步。」說完，乞丐頭也不回地朝前走去，最終餓死。這種禁食嗟來食的行乞禁忌，表現了一種氣節。不過現實生活中這種乞丐是不多見的。

　　更多的乞丐需要面對現實的禁忌，其中很重要的一點就是行乞的過程中不得犯上。哪一個叫花子膽敢目無尊長，犯上作亂，等待他的只有嚴厲的懲罰。20世紀30年代的上海就有這樣一套規矩：對不孝敬「老頭子」的乞丐，最輕的刑罰是「札棍鈍」，即將其手腳捆牢，一天不准吃飯喝水；對有違上意，對「爺叔」等頭目不敬的，則要處以「析油背」，即將數寸寬的木板插入其背骨；再嚴重就要「板入額」，即把板子插入額頭的皮肉，有的甚至要被暴打致死。

　　乞丐與乞丐之間有時也有些小的忌諱。比如，處於不同級別的乞丐是不能夠同吃同住的。內蒙古自治區包頭舊市區的「梁山」乞丐中的「蹲門（負責給大戶人家看門和打發乞丐）」就不能與鼓匠棚內的乞丐（四處沿街乞討的乞丐）在一起吃住。

　　丐幫是一個極為鬆散和缺少秩序的組織，其行規也非常零亂，缺乏系統性。但一般情況下都有以下幾條：不能向與丐頭有交情的店家索要錢物，更不能在這些店鋪門前放刁要賴；不准竄幫，即脫離現在

的丐幫委身其他的組織；丐幫之間以及其各個支派之間都有各自的地盤，不准無故侵占他人的地盤；要對丐幫集體所做的事保密，一旦洩露出去，輕則酷刑，重則處死。有的丐幫還對在當地的盜賊「立法」。包頭的梁山乞丐就規定：凡是外地流竄到包頭作案的盜賊必須到梁山掛號，由梁山的頭目依據他們的本領和特長，為其安排作案時間和地點。如果哪一個膽大妄為的盜賊不服約束，擅自行動，梁山乞丐必將群起攻之，直至將其送進薩拉奇大獄為止。

闊丐

選自《點石齋畫報》。講述了在江西南昌，某天來了一乞丐，四十多歲，江西口音，衣衫襤褸，頭上卻戴著紅頂花翎。他自稱曾是某提督，因裁兵回歸，想重新投戎，盤纏用完就當起了乞丐。人家可憐他，給他十幾枚銅錢，他竟視而不見，昂然而過。

　　乞丐們行乞的禁忌和丐幫的行規，是在長期的歷史演進中逐漸形成、完善和固定下來的，但一直到最後也沒有成文的東西，只是口口相傳，或者約定俗成。不過，這些規矩有時對於約束他們的行為還是有一定作用的。

衣衫襤褸，自得其樂

——乞丐行頭和眾生相

乞丐是一個特殊的社會群體，其穿著打扮和行為活動都有著極強的個性和特色。但這些都不是固定的，它們因人而異，隨著時間、地點的變遷不斷地改變著。

一般而言，乞丐的行頭、道具都是就地取材，隨便在路邊或垃圾堆上撿來的，有的較為講究，在舊貨市場買一些。因而，他們在大多數情況下都是標準的衣衫襤褸，所以人們在形容某人穿戴得不像樣，就說他穿得跟叫花子似的。不過乞丐們的行頭也隨著季節的更替而變換。如夏天，他們撿些薄一點的衣褲穿上以遮體，有時只能撿到破的秋衣、秋褲、牛仔服或者是破西服。這時乞丐們別出心裁地把衣服的臂肘或膝蓋等部位撕破，穿起來也很涼快。至於鞋子，夏天大多時候都打赤腳。冬天，乞丐們多半能撿到一些破大衣、皮鞋之類的東西，實在撿不到，那就只能靠他們的耐寒能力了。乞丐們的耐寒、耐熱能力一般人是無法企及的。

別看這些乞丐衣衫襤褸，他們湊在一起，表現出來的群像卻很少死氣沉沉，有的時候甚至有些「生龍活虎」。如著名的泉城——山東濟南的三角花園一帶就活躍著乞丐。他們來自五湖四海，操著山南海北的口音，但很快就形成了自己的一套「黑話」，彼此交流起來毫不費力。如把討得物品按其價值大小分為「老虎」、「兔子」、「老鼠」，把吵架說成是「炒竹杠」，賣血叫做「挑線」，稱英俊的小夥子為「小末子」，玩弄女人叫「掛馬子」，長期占據一個地區叫做「跪點」，把自己盤踞的地方叫做「山頭」。光從這

《養正圖冊》之一　清
冷枚繪

《養正圖冊》描繪歷代帝
王愛護百姓的故事。上圖
畫的是開倉濟民的情形，
具體年代不詳，但畫面細
緻描繪了幾位攜帶小孩
的乞丐形象。一為提筐老
嫗，一為老叟。

些系統的黑話來看，這些人好像從事著極祕密、極正式的工作，其實
不過是乞討而已。

　　大上海的乞丐的生活更是別有一番風味，時不時地還透著大都
市的氣息。如在一些大公司、酒店、夜總會、劇院等富人雲集的地方，
當客人們出來找自己的車子時，一些乞丐三步並作兩步跑上前給人家
拉開車門，然後厚著臉皮向人家要錢。而對那些沒有車的客人，乞丐
總是主動替人家叫計程車，以此得幾個賞錢。另外，由於上海臨海，乞
丐們紛紛跑到碼頭為幫客人提包抬貨，有時候也能掙到幾角錢。再就
是拉車，這些乞丐自己買不起車，他們就幫那些人力車夫拉車，拉一段
距離，就向乘客討幾個錢。

　　無論是從乞丐的行頭還是從乞丐的生活內容，都可以看到其生活
的悲涼，但正是淒慘的生活磨練了其心理素質。因此，儘管他們的生
活方式常人難以接受，但乞丐中極少有為此而尋短見的。

百般擺弄，只為乞憐
—— 乞丐行乞的手法

瞎子說唱圖

清代金延標繪。這位瞎子先生邊敲缽邊唱街，喜歡講朝野稗史，許多婦女、孩子都愛聽。更有甚者，一位老翁不顧年老體弱，也要讓兒子、媳婦扶攜著過來聽瞎子說唱。

乞丐們日復一日，年復一年地行乞，隨著行乞經驗日漸豐富，其行乞的手法也日益多樣化。無論其手段如何地花樣翻新，目的只有一個——斂取錢財。

清末民初以來，乞丐們行乞的手法趨於成熟，在這裡作簡單介紹。常用的比較能喚起人們同情心的是戴孝行乞。一般是謊稱父母喪亡，無錢收殮。在中國這樣講求「孝道」的國度，此種手法很有殺傷力。業內稱這種同行為「喪亡黨」。對父亡叫做「失上」，母亡叫做「失下」，其同夥者叫「敲邊鼓」，對無力收葬叫做「等水頭」。有時這套鬼把戲被人識破，用行話說就是「走潮」，而後逃跑叫做「退朝」。

作揖行乞，就是行乞時不斷地向來人作揖，業內稱為「丟圈子」，這一類乞丐叫做「丟圈黨」。這些叫花子往往跟在行人後面窮追不捨，十分惹人生厭，他們卻自鳴得意，把過路老人叫吧老，老女人叫雌吧老，少婦叫洋毛，小孩叫狗子。

哭訴行乞，無非是在路邊向行人哭訴自己的悲慘遭遇，求得憐憫與施捨。業內把將遭遇寫在地上叫做「告地藏」，把哭叫做「雙口犬」，把詐稱投親不遇叫做「脫軸頭」，把裝病爬臥在地上抽泣的叫「老磨苦」，小孩子隨大人在一旁嚎哭叫「小磨苦」。

近人對乞丐看法的四次轉變

乞丐群落中成分複雜，徐珂關於乞丐的看法頗有代表性，他說：「我對乞丐的觀念共有四次轉變。最初是同情，同樣是人，我們不愁衣食，他們卻凍餒；後來又怨恨起來，他們依賴成性，不能靠勞動謀生；這些年，又哀憐他們，認為社會缺乏教養之過，沒給他們生存的能力；再過數年，即深惡痛絕了，希望他們趕快被社會淘汰。」

託神行乞，即行乞的時候說神靈保佑施捨者。在這種手法中，稱向住戶送紙人以換取施捨叫「送子」，送的時候要是一個人去叫「冷送」，許多乞丐一起敲鑼打鼓送去叫「響送」，送去的紙人叫做「天賜」。他們把自己的行乞過程叫「挑黃」，把住戶叫做「椿子」，而把其中的施捨者稱為「椿頭」。

手本行乞，指的是手持相板行乞。業內稱這種行乞方式為「古相」，有的乞丐還謊稱為保鏢，叫做「武相夫」。他們給自己上門行乞的行為取了一個雅致的名字——「拜客」。有的乞丐識幾個字，就謊稱是落魄的文人雅士，被稱為「文相夫」。還有以字謎行乞的叫「扯讖經」，死乞白賴的行乞叫「掙把子」。

書寫情節行乞，就是在一片紙上寫下令人同情的情節讓路人看，以此獲得施捨的行乞手法。這類乞丐把寫有悲涼情節的紙或布叫做「皇榜」，他們自稱是「磨街黨」，把拿在手裡的情節帖子叫做「提搖牌」，把帖子送給路人看叫做「投帖子」。有時乞丐怕寫的不夠明白，還向人們解釋，叫做「背神咒」。帖子上面的緣由叫做「家乘」，有的將情節書寫於牆壁之上，叫做「塗粉子」，匍匐於地上的乞丐自稱「磨街石」。

送字行乞，即送一些吉祥字或對聯送給住戶，以此換取施捨。送字的叫「飄葉子」，送對聯的叫「飄龍門」，若是春聯就叫「飄宜青」。要是送字給不識字的人叫做「對石牛」，送字給識字的人就叫「同派」。有的時候字沒有被接受，這種情況叫做「打退鼓」。

物以類聚，人以群分

—— 丐幫的興衰

　　中國是一個多災多難的國度，歷史上的水災、旱災、兵災、蝗災不計其數，而這些災荒直接造成了大量的乞丐。清朝中後期以來，人口激增，土地兼併嚴重，遇到大災，乞丐更是鋪天蓋地。

　　清朝晚期，尤其是鴉片戰爭以後，國內戰禍不斷，起義叛亂此起彼伏，中間夾雜一些自然災害，大批的流民由此產生，淪為乞丐。乞丐到了一定數量，丐幫便應運而生。北江陵縣誌也有類似記載：「被水災民藉荒為匪，名曰籮筐會，聚集男婦以借為名，強索米穀」。

　　久而久之，一些暫時性的鬆散的乞丐組織逐漸穩固下來，日益嚴密，在其內部往往有著森嚴的等級，如江西的邊錢會就是這樣發展起來的丐幫組織。它是由原來「擔會（轎夫的結社組織）」的成員王瞎子創立的。他以江西臨川縣為中心發展邊錢會，規定首領為頭肩，往下是二肩、三肩，聯絡暗號為半邊錢，作為聚散通信的憑據。乞丐要想加入此會，必須先竊取一隻雞和一二百文錢方可獲准。入會後要按照頭肩的部署，或偷竊勒贖或結伴強行乞討。會內的規矩很嚴，每逢五月十三和八月十五要聚會的時候，頭肩坐著轎子到來，下邊的人要依

要飯的孩子們的午餐

清末明信片。這些孩子多是流浪孤兒，相同的生活境遇讓他們集聚在一塊行乞，一塊分食。這樣他們可以團結力量，共謀生存。但這種集體不穩定，隨時可以散夥。

次排列跪迎，稍有差池，必遭處罰。

　　湖南的丫叉會是當地有名的丐幫，其主要據點是東安、零陵、武岡、邵陽等四個州縣，內部分為四房，主事人分別由趙瞎子、于才召、龍老六、周鴻文擔任。他們的會眾在自己的大狗棒上刻幾個丫叉和一個碼口作為暗號。

　　清末民初，東北地區的乞丐也很多。吉林地區就有「大筐」和「二櫃」等丐幫。

淮北難民

1906年攝。當年，淮北鬧蝗災，許多人流離失所，背井離鄉，成為乞丐。圖為充斥上海街巷的淮北難民。

「大筐」一年兩季大份討糧，由「落子頭」或稱為「筐頭」領隊，手裡拿著叫做「吃米牌子（據說是知縣所賜）」的小棒到大戶人家要糧。每到一戶人家，「落子頭」身旁的跟班便把柳罐斗往門墩前一放，「落子頭」就開始嚷嚷：「東家，瘸老病瞎，要點糧吃！」討得糧食，回來後要由「落子頭」統一分配。「二櫃」是以零散乞討為主。有的時候他們偽裝成尋親不遇，或賣唱行乞，如打呱嗒板、打沙拉雞、打哈拉把等。二櫃的頭目占據一定地盤，新到的必須先拜見他，叫做「拜碼頭」。

　　災荒和亂世是乞丐的溫床，等社會逐步穩定下來，丐幫很快解體，並最終歸於消亡。

丐幫黑話

　　長期占據一地方乞討——「跪點」；地盤——「山頭」；扒錢——「兩夾」；睡覺——「死倒」；油水大小分別以「老鼠」、「兔子」、「老虎」表示；買贓物——「吃巧」；銷贓——「賣陪巧」；吵架——「炒竹杠」；賣血——「挑線」；敲竹槓——「吃二饅」；玩女人——「掛馬子」等等。

寧為雞口，不為牛後

──丐幫「花子」頭

中國有句俗語叫做「寧為雞口，不為牛後」。丐幫的「花子」頭的生活最能體現這一點。丐幫與其他的幫會比較起來顯得很不入流，但他們的幫主──花子頭照樣威風八面，不可一世。

乞丐行幫，由於四處遊走不定、流動作戰、各自為政的特點，自古以來從沒有發展成全國統一的組織，但這並不影響其組織的形成和功能的發揮。丐幫新幫主的產生大多依靠師承關係，這種師承關係一直作為前後幫主權力交接的重要形式，當然若發生突發性的事件，如個別乞丐通過暴力奪權，自當除外。這種通過師承關係傳遞幫主之位的形式主要適用於大幫主的傳位，如上海幫、安徽幫、山東幫、黑龍江的雙城幫等。

在大的幫主之下還要有相當數量的普通花子頭。他們又是怎樣產生的呢？大多數情況是大幫主把一部分權力交給他們比較信任的徒弟，再由這些類似「欽差」的骨幹到各個地區維持、開拓地盤。例如安徽省的六安縣有兩個主要的丐幫，他們的主要頭目分別是從開封來的李三順和鹿縣的祁達開兄弟倆。據說，這兩個丐幫幫主的席位是從清代道光年間的花子林一直延續下來，到他們這兒已經是第六代了。以暴力或非暴力的手段收編了這一地區的零散的乞丐或小的乞丐幫，然後才得以建立六安縣的丐幫。這兩個丐幫的骨幹成員中有一個叫李鬍子的，他經常在城隍廟附近弄蛇賣藥，可以掙到一點錢，其他的頭目一味地吃喝嫖賭，無所事事。而他們平日裡一切花費、耗用，都由當地其他的乞丐分攤。稍有不服抑或怨言，非打即罵，

乞兒圖（局部）

清代高其佩繪。畫中乞丐蓬頭赤腳，衣不遮體，體態佝僂，非常神似。

甚至是割斷腳筋，砸碎膝蓋骨，活埋。

他們手下的那些基層的叫花子頭只能忍氣吞聲地受其指使，為其效勞，苟且活命。不過他們也有出氣的時候。除了平時行乞，他們每逢大戶人家操辦紅白喜事時，便不失時機地向人家討喜錢，主人怕他們鬧事沖了喜慶的氣氛，一般要多給些銀子。不過最讓他們找回自尊的還得算是替放高利貸的債主討債時，比債主還要兇狠幾倍。時間長了，人們總結出一句順口溜：「花子頭賽武舉，要錢不敢還米。」據桃灣的地方誌記載，晚清時，農民祝根生由於家貧，拖欠了地主宗鼎成的租子，竟被代地主前去討租的花子頭張興邦逼得服毒自殺。

花子頭還有一個收入來源，便是向賭場抽頭索錢。據說一個老鄉紳不明事理，在賭場上把抽頭索錢的花子頭麻線暴打一頓，不料乞丐們懷恨在心，趁其不防將他的家人劫去，肆意凌辱之後放回。另外，花子頭拐賣婦女兒童，劫持過往行客，更是司空見慣的事。

丐幫名義上屬於乞丐，是靠行乞維持生計的，其實與地道的流氓犯罪集團無二，只能說有過之而無不及。作為丐幫幫主的花子頭，更不是什麼乞丐，從根本上就是窮兇極惡的惡棍。

丐頭出殯

選自《點石齋畫報》。丐頭是乞丐中出人頭地的人，如今也仿效奢侈。圖中描繪了天津某丐頭病死後，丐幫弟子聚資聘請僧道儀仗和吹鼓手，勞師動眾為他送葬，其排場可比達官貴人。只是衣服破敗不堪，人們大多嗤之以鼻。

乞丐的邊緣性發展
—— 流氓與乞丐的關聯

　　流氓與乞丐之間的關聯，從直觀上並不能理解。乞丐在行乞的過程中，難免有一些流氓行徑，如坑蒙拐騙、敲詐勒索等；而流氓在生活沒有著落的時候，除了做乞丐好像也沒有別的路可走。

　　另外，我們可以從字源字義上看到，「流氓」與乞丐在漫長的歷史洪流中始終有著密切關係。唐代的孔穎達在其《毛詩正義》一書中就曾指出：其實「氓」與「民」屬於同一個大類，沒有質的差別，只是二者使用的語境有所差異；具體而言，「氓」更接近於「懵」，其中不乏無知的意思。

　　到了元代，劉瑾在他著的《詩傳通釋》中也提及這個問題。他說，「氓」是對愚昧無知之人的稱謂。不管無知還是愚昧，多少就與乞丐

扯上了關係，因為乞丐是沒有什麼素質可言的。

清朝的段玉裁在《說文解字注》又提出了新的觀點，即認為「氓」就是從別處來此地的民眾，這就暗含著流動的意思。時至近代，又有人就段玉裁的說法提出新的論據，即《詩·衛風·氓》中的「氓」字根據上下文來推斷也符合從他處投奔到此地的民眾之意，因為文中將從一個諸侯國遷到另一個諸侯國，或者是從一個城邑遷到另外一個城邑的人口都稱之為「氓」。

通過研究古籍以及從日常用法的角度分析，清朝的著名訓詁學家朱駿十分肯定地認為「氓」就是指從別處來此地的人。魏源則更加通俗地將「氓」解釋為流之氓，「流氓」並稱由此開始。後來，大家逐步都認可了「氓」就是外地人、外來人口的解釋。

從古代對「氓」字的理解，把它理解為愚昧無知、不務正業、到處流竄、時不時地幹壞事的人似乎是很自然的。儘管這樣理解已經離「氓」字的本意愈來愈遠了，但卻有利於揭示這個特殊社會群體的屬性。這時，我們再回過頭來看乞丐之輩是不是屬於這種人。專職乞丐一般素質極低，品格惡劣（情況稍好就不會淪為乞丐），說其愚昧無知不為過；他們沿街乞討，或設法騙取、勒索錢財，顯然是不務正業；乞丐一般不會停留在一個固定的地方，流動性極大。

古往今來的乞丐，在發展到一定階段或在特殊的歷史時期極易相互勾結，形成充滿黑社會性質的集團—— 丐幫。就像美國的人類學家菲力浦·K·伯克教授說的那樣：「當社會中的正規群體不能滿足連續提出的社會要求時，自發的團體便開始發揮作用。」乞丐與流氓都絕少有機會加入正規的社會群體，單純的行乞或一味的流氓行徑都未必行得通，而共同的社會地位與命運，必然會使乞丐、流氓這些下層社會成員緊密聯繫在一起。

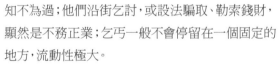

行行出狀元

── 乞丐名流

俗話說「三百六十行，行行出狀元」，就連乞丐這種行當也有乞得出類拔萃的，我們把他們也稱為「名流」。

論乞丐名流，頭一個當然少不了被乞丐奉為祖師爺的伍子胥。他姓伍名員，字子胥，是楚國大夫伍奢的兒子。楚平王七年，伍奢獲罪，被滿門抄斬，只有幼子伍子胥倖免。伍子胥隱遁民間，以乞討為生，想出昭關逃到國外，然而楚兵在此嚴加盤查。他萬般無奈，極度愁苦，竟然在一夜之間頭髮全白了。這樣一來，人們不容易認出他來，才得以脫身，之後沿街乞討來到吳國都城。蓬頭垢面的伍子胥每天吹簫行乞，輾轉於市集間，一天被公子姬光發現。公子見其有福相，於是將其引見給吳王。吳王與之談論天下大事三天三夜不知疲倦，此後任其為相。伍子胥不負眾望，幫助吳王稱霸中原，建立了不朽的功業。

魏晉南北朝時的名丐當屬漢陰生。他的故事見於《列仙傳》，書中說他經常在長安渭橋下的市肆中行乞，有時甚至是死乞白賴，市人極其厭惡，有的人還往其身上潑灑糞便等穢物。漢陰生不得已，便暫時到別的地方去討，奇怪的是一會兒功夫他又回來了，身上居然又乾乾淨淨的了。鑒於他擾亂市面，當地官府將其抓去戴上刑具，他照乞不誤。後來，官府威脅要處死他，他才離開那個地方。不過他走後，原先往其身上潑灑糞便的人家災禍不斷，還死了十幾口人。於是，當地流傳著一首謠言：「見乞兒，與美酒，以免破屋之咎。」

唐末五代也出了一位名乞── 張咸光。他沒有漢陰生那麼惡毒，相反倒是極溫和，即便遭到羞辱也不會有什麼越軌行為。相傳他生活在後梁的龍德年間（921－922年）。他行乞的時候總是拿著許多筷子和湯匙，有的時候被一些惡作劇的人搶走也不惱，只是另取一份。後來，張咸光得知駙馬溫積諫議任開封府後，就挨家挨戶地與當地人告

別，說要去投奔溫積諫議了。人們不解其意，就問他怎麼肯定到那裡就有所作為呢。他說圖讖上有類似「饅頭便做碗，蒸餅如籭，都讓劉月明主簿和張咸光秀才喜殺」的話，以此推斷自己的出頭之日到了。

宋元明幾朝乞丐的最高代表非朱元璋莫屬，他也堪稱是古今中外乞丐的佼佼者。朱元璋小名重八，於元代天曆元年（1328年）九月丁丑出生在濠州的鐘離孤莊村，屬今天的鳳陽縣。家裡本來就十分貧困，他出生以後又是旱災，又是蝗災，並且瘟疫流行。朱元璋小小年紀先到龍興寺當了幾天和尚，後來成為行腳僧，再後來乾脆成為了名副其實的乞丐。他走遍安徽合肥、河南信陽、固始、歸汝、淮陽、鹿邑，後又回到安徽的亳縣、阜陽一帶，終日行乞，飽受欺辱刁難，整整三年。

後來他參加郭子興的義軍，踏上了人生的金光大道，後來成為明朝的開國之君。

清末，梁山安山鎮有一個叫張標的乞丐，綽號婁金狗。儘管他是個不名一錢的叫花子，為人卻行俠仗義。有一段時間，梁山水泊被一個人稱「魚鷹」的惡霸占據，不准別人到泊子裡打魚。婁金狗知道了這件事便在夜間假扮成水鬼，將其嚇個半死，最終幫漁民奪回了漁場。

從古至今的乞丐多如牛毛，有名有號的乞丐也數不勝數。但真正品行好的，或者是有所作為的，則是少之又少。絕大部分乞丐都作惡多端，甚至是無惡不作，為人們所不齒。

丐求祖師

選自《點石齋畫報》。講述了這樣一個故事：乞丐盤踞某廟，某日鎮上戲班演戲，欲將戲箱抬進，與乞丐發生爭執。乞丐被打得落花流水，於是只好祈求丐主嚴嵩相助。相傳嚴嵩當年奉旨討飯，又不許別人施飯，以致餓死，於是被奉為乞丐鼻祖。

日進斗金，匯通天下

商人與商業起源於原始社會末期，隨著生產的發達和社會分工出現，人們為了滿足各自的需要，交換剩餘產品，就形成了最初的商業。《易經》上說：「日中為市，致天下之民，聚天下之貨，交易而退，各得其所。」就是對早期商業的描述。

歷代商賈名流代表人物及其事蹟

代表人物	主　要　事　蹟	活動時期
管　仲	曾與鮑叔牙合夥做生意；將經商思想運用到治理國家上，提出了「四民分業」的思想。	春秋戰國
范　蠡	助越王勾踐滅吳後棄官經商。19年中三次獲利過千金，經營業績斐然。有自己的經營理念：注意產品品質，不把貨幣滯留在手中。	春秋末期
呂不韋	善於探知各地商情，經常囤積居奇。後來從政，成為官商，家有奴僕上萬人，更有門客三千。	秦朝
王安石	官商。經營鹽、鐵一類商業，經營方式帶有掠奪性。	北宋
胡雪巖	「紅頂商人」，即官商。幼時在杭州阜康錢莊當學徒，後獨立支撐局面。為清朝軍隊經營軍火、糧餉，獲利頗豐。後開辦胡慶餘堂雪記國藥號。個人資本達到3000萬兩。西方殖民者入侵後衰敗。	清
張　謇	人稱「狀元商人」，堅持實業救國思想。開辦大生紗廠、創辦通海墾牧公司及其他近二十個企業。大力資助教育事業。	清

從以物易物，各得其所開始
—— 商人與商業的起源

　　商人與商業起源於原始社會末期，隨著生產的發達，社會分工的出現，人們為了滿足各自的需要，交換剩餘產品，就是形成了最初的商業。《易經》上說：「日中為市，致天下之民，聚天下之貨，交易而退，各得其所。」就是對早期商業的描述。

　　商人源於商族。在歷史上商族人最早從事商業活動，商人本是商族人、商國人的簡稱。徐中舒先生曾說：「商賈之名，疑即由殷民而起。」郭沫若先生也有類似的看法。《管子‧輕重戊》中說：「殷人之王，立皁牢，服牛馬，以民為利。」從中我們可以看出早期的商族人已經開始以物易物的貿易，以方便人們的生活。而《尚書‧酒誥》中「肇牽車牛遠服賈」的記述，說明早期的商人是趕著牛車去外地做買賣，從事交易活動的。

市擔嬰戲圖
南宋李嵩繪

這位長鬚擔貨郎挑了許多東西下鄉販賣。擔中有陶器、農具、日常用品、飲食調料、醫藥，還有小朋友喜歡的玩具，連大人玩的寵物鳥都有。可見宋代的商品種類已經相當繁多了。

　　既然商業是從商族人開始的，那麼最早經商的商族人又是誰呢？據《山海經‧大荒東經》記載：「王亥托於有易，河伯僕牛，有易殺王亥，取僕牛。」這就是說商族的先公王亥已經開始在遠方作交易。《世本‧作篇》上有「相土作乘馬」的說法。可見早在商朝立國之前，商人的祖先就已經知道馴養牛馬用於遠距離運輸貨物，經商盈利，而且他們還憑經驗得出「乘馬」易於「致

畫中描繪了來往商隊販
運絲綢的經過。商旅隊
中有駱駝隊、馬隊。

遠」，卻不易於「引重」；而「服牛」較之「乘馬」更利於「引重」。

　　商朝滅亡後，商族的同宗徽子在今天的商丘一帶建立宋國。西周
與春秋戰國時期，宋國的商業極其繁榮，很大程度上也得益於早期商
族人優良的商業文化傳統。與此同時，原來商的遺民失去了原有的土
地和其他生產資料，只能以販賣貨物，經營商業維持生計。這在客觀
上刺激了當時商業的發展，並使得經商的傳統保留下來。

　　商代前後商業的發展，極大地促進了中原地區和周邊地區的繁
榮與進步，加速了南方原始文化的解體和手工製造業的進一步發展。
同時，商人們把南方的印紋硬陶和原始瓷器販運到中原，其他的銅、
錫和其他礦物也運至中原地區，共同促進了中華文明的發展。

儒商、官商與軍商
—— 商人的分類

　　商人自其出現之日起，就被分成許多種類。分類的標準有的是其出現的年代，有的是其身分，有的是其經商的道德水準。

　　根據商人們出現的年代，先後可以將其分為舊式商人、新式商人和現代商人。所謂的舊式商人指的是1840年以前的商人，新式商人則是指1840年至1949年之間的商人，而現代商人自然就是指1949年以後的商人。

　　古代的舊式商人生活在小農經濟的夾縫中，主要經營農產品和日用消費品，多以賤買貴賣來盈利。他們經營的商品主要為糧食、布匹、茶葉、蠶絲、食鹽、雜貨、牲畜、中藥材及其他物品。新式商人的出現是由於鴉片戰爭的爆發，西方工業品的湧入。這些商人一方面收購中國的農副產品和手工產品，另一方面又大量推銷外國商品，從買進、售出的差價中獲利。有的充當了西方殖民者在華經濟侵略的爪牙，與他們共同魚肉人民，在歷史上扮演了不光彩的角色。現代商人的情況較為複雜，因為中共建國以後，商人曾是一個被取締的社會階層，直到上世紀70年代末期，中國大陸實行改革開放的政策，商人才重新以嶄新的面貌登上歷史舞臺。

　　根據商人的身分，我們可以把商人分為儒商、官商和軍商等。所謂的儒商就是指那些具有儒家思想，有一定儒家文化涵養的商人。他們經常把儒家的一些思想帶進商業領域，在經商的過程中往往表現出一些鮮明的特點，如以誠待人，以信接物，以義為利，仁心為質。官商，顧名思義，指那些一邊做官一邊從事商業活動的人。這些人往往手握重權，以權經商，很容易致富，有時人們也稱其為仕商。再就是軍商，他們又分為兩類，即專門經營軍火生意的商人和直接從商的軍人。前一類經營具有特殊性質的商品——軍火，一般不是經過政府特

批就是有權有勢的人，當然也不排除一些非法經營軍火的商人。如著名的紅頂商人胡雪巖就是靠經營軍火起家致富的。後一類軍商往往利用自己的特殊身分，經營一些政府明令禁止的商業活動，從中牟取暴利。

一位老派紳士在琉璃廠的攤位前看貨

攝於二十世紀三、四十年代。從他的衣著打扮可以看出他是一個受傳統儒學薰陶的儒商。

根據商人在經商過程中表現出的道德水準，可以將其分為義商、奸商和平商。義商專指那些品德高尚的商人。他們堅持以義獲利，在經商獲得財富以後又往往積極地扶助教育，捐辦慈善公益事業以扶貧濟困，有時也資助國家建設。奸商則是義商的反面，他們專以歪門邪道的手法坑國害民，以圖賺取暴利，例如短斤少兩、以次充好、欺行霸市等。有的不法商人慣於玩「空手道」，做無本的生意，置商業道德與商業規則於不顧。這些商人常常破壞整個商業秩序，是商人群體中的害群之馬。所謂的平商是介於義商與奸商之間的。他們既沒有義商的俠義豪爽，也不會使用奸商歪門邪道的伎倆。從數量上講，平商占商人的大多數。

總之，商人是一個非常複雜的社會階層和社會群體，根據一定的標準對其進行分類和界定，帶有很大的主觀成分，在現實生活中很難說一個商人絕對屬於哪一類，而只能說其基本上是哪種商人。

君子愛財，取之有道

——經商的規矩

　　表面上看，商人們為利而來，為利而往，甚至是唯利是圖。其實經商是很講求遊戲規則的，也就是說經商必須守一定的規矩，如以義為利、以誠待人、居安思危等。

　　常言道：「君子愛財，取之有道。」經商就要言商「道」，即以義取利，德興才能財昌。如果是捨義而取利，其結果必然是喪失了「義」也得不到「利」，為商之人應牢記這一點。一般而言，儒商在這方面做得比較好，他們在經商之餘，經常讀《四書》、《五經》等儒家經典，注意把書中的義理運用於經商。清朝著名的儒商舒遵剛常對人言：「生財有大道，以義為利，不以利為利，國且如此，況身家乎。」他還把金錢比成從泉眼流出的水，要想使其長流不絕，必須採取合理的手段加以引導。徽州名商李大皓也不止一次地告誡後人：「財自道生，利緣義取。」久而久之，在商業圈子裡逐漸形成「積善之家，必有餘慶；積不善之家，必有餘殃」的共識。真正有理性和有智慧的商人是不會用惡劣、卑鄙之手段去獲利的，否則，事與願違，不但不會盈利還要失去已獲的利潤。

做生意講價錢

攝於1945年。表現的是中國人在做生意時的情景：一個商人和貨船船主把手放在黑布下面講價錢。

　　經商勢必要涉及用人，無數的先例告誡商人，用人以誠。許多商人都不願雇用頭腦靈活的人做事，認為這些人太聰明，難於管理。相傳春秋戰國時期，齊國有一位叫做刀閒的名商，專門使用這種人。他對人不欺不詐，而是給以豐厚的報酬

和充分的信任，讓他們放手去幹，結果這些人十分賣力，做得非常出色，刀閒因此致富。清朝道光年間的著名商人胡榮命也因「用人以誠」而聞名。他以誠待人，童叟無欺，年老後回到鄉里。當時有人要「以重金賃其肆名」，他淡然一笑，說道：「彼果誠實，何藉吾名也！」可見，「誠信為本」是經商的一個重要準則。

做生意也要「居安思危」，思危才能有備，有備才能無患。因此，自古以來就有「生意要勤快，切勿懶惰，懶惰則百事廢；用度要節儉，切勿奢華，奢華則錢財竭」的說法。據說，秦末有位姓任的商人「折節為儉」，以身作則，同時也要求家人「公事不畢身不得飲酒、食肉」。由此可見，經商者自古就有居安思危、勤儉持家的良好風尚。因為只有少一些安樂，多一分憂患，才能使生意進入佳境。

經商的規矩其實還有很多，以上提到的這些只是其中較為關鍵的部分。投身商業領域，必須按照遊戲規則辦事。否則，不僅不能盈利，甚至還要虧本。

中國的茶葉貿易

清代油畫。這是一幅想像畫，把茶葉從墾植加工到運輸貿易的全程濃縮在這幅山清水秀、生機盎然的理想式山水圖中。

在重農抑商的夾縫中生存
——歷代商業政策

　　商業在中國的發展是極其艱難的,歷史上大多數朝代都實行重農抑商的政策,只有極少數時期,才獲得較為寬鬆的政策環境。

　　春秋及上古時期,統治者基本上實行鼓勵商業的政策。據說,中華民族的祖先炎帝和黃帝都十分重視、提倡發展商品交換。《易經》記載:「神農氏作,……日中為市,致天下之民,聚天下之貨,交易而退,各得其所。」神農氏就是炎帝,可見炎帝一度親自主持市場交易。而古書中描述黃帝時的太平盛世也說:「道不拾遺,市不預賈,城郭不關,邑無盜賊,鄙旅之人相讓以財。」其中的「市不預賈」就是說不干預商賈的商品交換,這與後代的「抑商」政策形成強烈的對比。

　　早期的商業經歷了短暫的春天之後,馬上迎來了漫長的嚴冬。

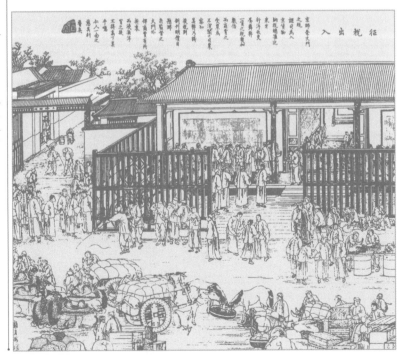

戰國時期，抑商政策提出。對這一政策大張旗鼓地進行宣傳的是李悝、商鞅及韓非子等人。按照他們的理論，農業是富國強兵的源泉，是「本」，衣食之外的生活日用品的生產和流通越廣，從事農業生產的人就越少，不利於國家的長治久安，因此是「末」。這套理論得到統治者的首肯，他們厲行重本抑末的政策。秦始皇時甚至要商賈及其後人到邊疆地區服苦役。

經過戰國及秦朝的轉折，到了兩漢時期，抑商政策已經趨於制度化。最為著名的是禁榷制度、土貢制度、官工業制度。所謂的禁榷制度就是完全禁止私人經營某種商品，而由政府壟斷經營的制度。土貢制度是指地方有義務向中央政府無償進貢的制度。因為在禁絕商業的同時，統治者也需要一定的奢侈品。官工業制度是由封建政府自設工廠或作坊，生產大量軍需品、公用物品及奢侈品的制度。這些制度嚴重阻礙了商品經濟的發展。

魏晉南北朝時期，國家長期處於分裂、動盪之中。隨著中央集權的暫時性削弱，這一時期商業面臨的政策環境較為寬鬆。到了隋唐的大一統時期，統治者對商業實行開明的政策，並且規範了市場秩序，如設官吏管理度量衡，規定商品價格，打擊欺行霸市行為。到宋元時期又開始了新一輪的抑商政策。北宋實行的折中法和綿法，肆無忌憚地剝奪商人的利潤，嚴重挫傷了他們經商的積極性。元承宋制，繼續推行這些抑商政策，並且對許多商品實行政府專營。明清時期抑商政策發展到了高峰。明朝實行的開中制度，其實是宋代折中制度的變種；它規定商人若想經營某種商品，必須向政府申請應募，履行一定的義務，才能被獲准經營。這一制度也被滿清繼承。清王朝自己發明了厘捐制度剝削商人、搜刮民財。這種制度規定全國各地設置厘卡，對各種流通貨物收取厘金。該制度殘酷地掠奪和壓榨了商人，商品流通受到嚴重阻礙，商業幾乎窒息。

縱觀中國歷代對商業的政策，不難發現在自然經濟的基礎上，封建小農意識在統治者的頭腦中是多麼的根深蒂固。這也是我國商品經濟發展遲滯的一個重要原因。

姑蘇繁華圖（局部）

清代徐揚繪。圖為桌台街門段。分城內外兩部分。城外是萬年橋下運河東岸半截街，街上行人熙熙攘攘，街旁有許多小店，有賣手工產品、農副產品的。引人注目的是一家「大雅堂書坊」，專賣「古今書籍」；另一家為專賣琵琶的「鳳鳴齋」。城內是桌台街門全景，時值舉行院試。衡西為商肆，路邊有「三元齋」，賣「狀元糕」，路南是文具店，賣考具、試卷之類，足見其經營有衡，爭作應時利市生意。

城市商業與對外貿易

—— 歷代商業狀況

　　中國歷史上的各個朝代大都實行抑商政策，但由於抑商的措施不同，歷代的政治、人文環境也有所差異，各地的商業發展狀況也各具特色。

　　商業在商朝前後產生，經過長時間的發展，到西周時期出現了繁盛的局面。周武王在滅商之後，為了重建都邑，遂頒佈了「大聚先誘之以四鄰」的政策，下令「縣鄙商旅曰能來三室者，與之一室之祿」。這算得上最早的成文招商引資政策了。在這樣的政策下，商人們的實力空前膨脹，甚至也敢於與國君分庭抗禮。如周厲王時的國人暴動，其中的國人就是指國都周圍的商人。到了春秋時期，齊魯、吳越等地以及鄭國的商業都很興盛。

　　戰國和秦朝時，商業儘管遭到統治者的抑制，但依舊頑強地成長。這一時期的商人多看准統治者渴求「難得之貨」的時機，大規模地販賣這些緊俏商品。另一方面，統治者也需要實力雄厚的富商巨賈在經濟上的支持。從李斯的《諫逐客書》中不難看到秦朝商業之盛：「致昆山之玉，有隨和之寶，垂明月之珠，服太阿之劍，乘纖離之馬，建翠鳳之旗……夜光之璧以飾朝廷，犀象之器以為玩也。」

　　兩漢時期，商業儘管遭遇抑商政策，但這時的城市商業仍然有一定發展，並形成了一些較大的城市，如長安、巴蜀、天水、隴西、潁川、洛陽、邯鄲、臨淄、壽春、合肥等。這些城市人口密度大，市租昂貴。商人們在這裡經營絲織品、漆器、金銀製品、土特產品、皮革、木材、魚鹽等貨物，異常繁忙。

　　到了隋唐時期，國家重新統一，城市商業出現復興的氣象：隋朝時湧現出大量新興貿易城市，如淮安、揚州、泉州等；唐朝時城市商業更為興旺，「市」成為城市的重要組成部分。長安有東西市，洛陽有南市，甚至於中小縣，如臨淄、禹城、臨安、奉化等也有市。在民間商

業一派興旺的同時，官商亦悄然崛起。官吏們在徵收賦稅的當口，低價收購，高價拋出，一夜之間就可以牟取暴利。有的官商還經營質庫，放高利貸，甚至販賣奴僕。

宋元時期，境內商業由於受到嚴格限制，不是很景氣，但這一時期的海外貿易空前繁榮。中國的紡織品、陶瓷、漆器、茶葉源源不斷地運到交趾（今越南北部）、占城（今柬埔寨）、天竺、大食、高麗、日本，而這些國家的象牙、珍珠、香料、翡翠、瑪瑙、玳瑁等又源源不斷地運回我國。當時的廣州、泉州是重要的貿易港口。馬可·波羅把泉州港和亞歷山大港並稱為兩個世界最大的港口。

明清的城市商業進一步發展壯大，北方的北京、盛京、開封、濟南、太原等有所發展，但與南方的揚州、南京、武漢、廈門、廣州等比起來明顯落後。當時一個明顯的商業特徵是商幫的繁盛，著名的有陝西商幫、徽州商幫、寧波商幫、廣州商幫、福建商幫、洞庭商幫、龍游商幫。各地的商幫建立的商業會館遍佈各地。

在歷史上，儘管大部分朝代的商業發展在政治上都受到壓制，但它還頑強地生存下來，並不斷地發展壯大。

行商

約1800年作。堂內製茶工人正在踩茶。堂前左邊著青色錦緞衣的人才是行商，他剛從右邊八仙桌旁起身過來接待這位外國商人。他們似乎在談論茶葉生意。

叱吒風雲的商界鉅子
——歷代商界名流

　　商業自產生以來，在數千年的漫長歷程中湧現出一大批的富商巨賈，其中有些人被傳誦千古。

　　春秋時期第一巨賈首推管仲。管仲不僅是春秋前期最為出色、最有影響力的政治家和改革家，而且是一位善於經營的商人。據說，管仲祖籍潁上，幼時家貧，曾與鮑叔牙合夥做生意。管仲被齊桓公任用，主政齊國後，把自己的經商思想運用到治理國家上，提出了「四民分業」的思想，即把國人分為士、農、工、商四大職業集團，在此基礎上令其按業定居，而且規定「士之子恒為士」、「農之子恒為農」、「工之子恒為工」、「商之子恒為商」。這種政策在當時有利於各業的人熟練業務，提高勞動效率。

　　春秋末期的范蠡是一位傑出的大商人。他在幫助越王勾踐滅吳稱霸之後，急流勇退，棄官經商。他在定陶「治產積居」，經營業績斐然，「十九年中三至千金」。後來他把產業留給子孫，「子孫修業而息之，遂至巨萬」。范蠡在長期的經商過程中總結出一套理論，即「積著之理」。他指出「務完物，無息幣」，即要注意產品的品質，不要使貨幣滯留在手中。其要點具體包括：加速資金周轉，擴大利源；注意商品的性能，關心商品的品質；把握時機，靈活購銷；及時預測商情，儲備待乏；控制價格幅度，保護產銷利益；精心選擇經商地點，收集各方資訊；知人善用，不責於人。范蠡不但精於商道，而且注意培養後繼之人，使自己開創的事業發揚光大。

范蠡

　　秦朝的兩大商賈分別是呂不韋和白圭。呂不韋聰明伶俐，善於探知各地商情，經常囤積居奇，早年就攫取了大量的財富。他後來從政，亦官亦商，更容易賺取財富，以至於他家裡的童僕、奴婢就有上萬人。他還

山西日昇昌記

山西商人，尤其是山西票
號商人，匯通天下，曾在
中國歷史上顯赫一時。
早在明代，晉商已經享譽
全國。山西日昇昌記是最
早的山西票號。

用這些錢財召集天下賓客，有食客三千人。

　　曾經做過魏相的白圭在經商的同時也有一套完整的經營思想，它
主要包括以下五個方面：人棄我取，人取我予；預測行情，善觀時變；
面向大眾，薄利多銷；重視生產，穩定貨源；提倡智勇仁強，講求經商
藝術。

　　北宋的改革家王安石也是一位不折不扣的官商。他在理直氣壯
地為官家理財、為皇室斂財的同時，自己也經營鹽、鐵一類的商業。由
於他的身分特殊，其經營方式帶有某種掠奪性，是私商無法企及的。

　　清朝的商業名流當屬「紅頂商人」胡雪巖和「狀元商人」張謇。張
謇於1894年考取狀元，但堅持實業救國的思想。1896年，張謇創辦大
生紗廠，產銷兩旺，是其一生工商生涯的良好開端。後來他又創辦通
海墾牧公司及其他近二十個企業。在經商賺取財富以後，他大力資助
教育事業。

　　歷代的商界名流雖然都賺取了巨額財富，但由於長期以來官方
都實行抑商的政策，他們的經商生涯大多都非常艱難，有時仍會失
敗。

歷史上的著名官商

——紅頂商人胡雪巖

　　清朝末年的「紅頂商人」胡雪巖，不僅有著超乎想像的經營業績，而且在政治上亦有所作為，即便是破產以後仍然有著不同凡響的舉動。

　　胡雪巖（1823－1885年）原名光墉，字雪巖，安徽績溪湖里村人。胡雪巖兒時家貧，沒有機會上學，靠自學粗通文墨。年稍長，由其堂舅推薦到杭州阜康錢莊當學徒，後來得到店主的賞識，擢升為跑街。1860年，店主臨終以錢莊託付胡雪巖。胡自此獨立支撐局面，逐漸與官場中人往來，很快成為杭州城的著名商紳。

　　1861年11月，風雲突變，正當胡雪巖從上海、寧波購運軍火、糧米接濟清軍之時，太平軍攻克杭州，他的靠山王有齡自殺，於是他轉而投靠新任浙江巡撫左宗棠。左宗棠委任胡雪巖為總管，主持全省的錢糧、軍餉籌集，胡由此獲利頗豐。與此同時，他還協助左宗棠主持上海採運局，兼管福建船政局，並且經手購買西方先進機器、軍火以及聘請外國技術人員，胡從中獲得不少實惠。他一手執掌的阜康錢莊的分店很快遍及大江南北，資金總量超過二千萬兩。

　　後來左宗棠調任陝甘總督，大力鎮壓回民及捻軍起義，其間胡雪巖鼎力相助，幫其購置西洋武器。左宗棠投桃報李，為其爭取到江西候補道一職，從此胡雪巖成為一個典型的官商。1874年，亦官亦商的胡雪巖又開辦胡慶餘堂雪記國藥號，發展很快，擁有占地十餘畝的膠廠。該藥號不惜重金聘請浙江名醫，廣泛收集古方，總結臨床經驗，選配出四百多個丸散膏丹及膠露油酒的驗方。為了便於攜帶

胡雪巖

胡慶餘堂

胡雪巖在清同治十三年
（1874年）創辦。其「採
辦務真，修製務精」的
經營作風被傳為美談。
胡慶餘堂中藥博物館是
中國唯一的國家級中藥
專業博物館，其中陳列
著胡雪巖流傳下來的「三
寶」，即金鏟銀鍋、戒欺
匾和藥局匾。圖為胡慶
餘堂中藥博物館內景。

和服用，還將其一一精製成藥。當時，戰爭頻繁，瘟疫流行，「胡氏辟瘟丹」、「諸葛行軍散」、「八寶紅靈丹」等藥品銷路極好。為了擴大影響，胡雪巖還親書「戒欺」字區高懸於店堂之上，告誡店內夥計「藥業關係性命，尤為萬不可欺」，「採辦務真，修製務精」。為了控制進貨品質，其自設養鹿園，所用藥材一般直接向產地選購。經過胡雪巖的苦心經營，胡慶餘堂飲譽中外。他的個人資本也達到三千萬兩，時人稱之為「活財神」。

隨著西方殖民勢力的深入，胡雪巖的生意急轉直下。1882年，他耗銀二千萬兩，在上海開辦絲廠，收購國內新絲以壟斷絲業貿易，竭力排斥外商。結果外商聯合起來抵制胡雪巖，拒購他的絲。無奈之下，胡以一千二百萬賤賣，虧耗八百萬兩。禍不單行，胡在上海做銀錢投機生意，再次虧輸四百萬兩。同時，各地商號倒閉，胡慶餘堂易主，胡雪巖於1883年11月宣告破產。胡召集姬妾數十人，每人發給黃金五百兩，讓其各奔前程。左宗棠稱之為「商賈中奇男子也」。

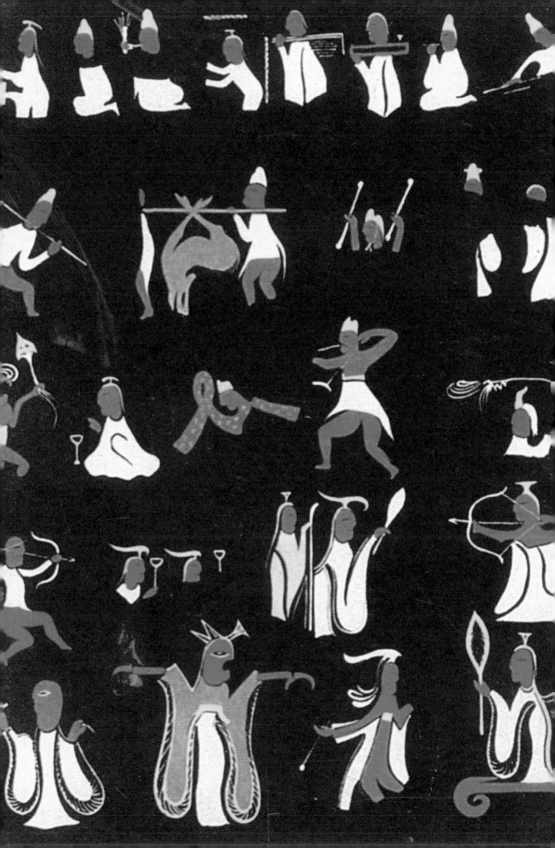

測算陰陽，看相測字

風水就是論述和指導人們選擇、安排陽宅與陰宅（墳地）的地理方位、布局、朝向、營建方式和日期等一系列理論和主張，是古代人們選擇居住環境、埋葬親屬的地點的一種術數。長期以來，看相算命成為一種社會文化，在我國幾千年的歷史中持續存在、發展。

風水的主要工作內容

名　稱	內　　　　　容
觀　水	看有無流水以及水的流向如何。
覓　龍	觀察地脈的行止起伏。
選　氣	氣分為天氣、地氣、陽氣、陰氣、風氣、水氣多種，風水先生要找出高且正的「氣」。
點　穴	選陽宅的位置，講「龍首當鎮、龍尾當避」。
察　砂	觀察、研究主龍周圍的小山，認為主龍周圍的小山之間有主僕關係。

算命的主要工作內容

名　稱	內　　　　　容
看相	包括看面相、看走相、看骨相、看身相、看手相、看足相。講求「五嶽四瀆」。
測字	又稱拆字，問卜人任舉一字，然後觸機附會，從而判斷吉凶禍福。
解夢	為人們解釋夢境。大都根據夢者境遇、心態、願望做出各種牽強附會的解釋。

風水算命

氣乘風則散，界水則止

—— 風水的由來

　　風水就是論述和指導人們選擇、安排陽宅與陰宅（墳地）的地理方位、布局、朝向、營建方式和日期等一系列理論和主張，是古代人們選擇居住環境、埋葬親屬的地點的一種術數。

　　古往今來，風水有許多稱謂，如堪輿學、相地術、相宅術、青烏、青囊術、形法等。堪輿中的「堪」指天道，「輿」指地道。風水從誕生之初就與天文曆法、地理結了緣。一個風水先生必須能夠仰觀天文，俯察地理，這是他們的基本技藝。之所以被稱為相地術，是因為看風水主要是觀察地理形勢。風水又叫做青烏，源於漢代相地家青烏子，人稱青烏先生，以後人們多稱此術為青烏。至於青囊稱謂的緣起，大致是由東晉郭璞根據《青囊》九卷而著的相地術經典《青囊經》得名的。

　　「風水」一詞來源於東晉郭璞所著的《葬書》，其中有「氣乘風則散，界水則止，聚之使不散，行之使有止，故謂之風水」，後人就以風水代指這種看天識地的方術。因此後世的風水先生多以郭璞為鼻祖，也有的認為九天玄女是陰陽院（風水門）的宗師。傳說中，黃帝在九天玄女的幫助下戰勝蚩尤，解救百姓於水火之中，而且從玄女那裡學會玄學術數，其中很大一部分就是風水術。

　　在民間，對占卜方位的方術多稱為「風水」，進而把從事這種職業的人稱為「風水先生」。由於在看風水的過程中，大多數風水先生都習慣以陰陽學說來解釋天象、地脈，人們從直覺上認為他們是經常與陰陽界打交道的人，

刻有卜辭的甲骨　商

出土於安陽小屯西地段。古代占卜多用龜甲、獸骨，在上面刻上卜辭，然後用火焚燒，看裂紋走向，以此來預測未來吉凶。

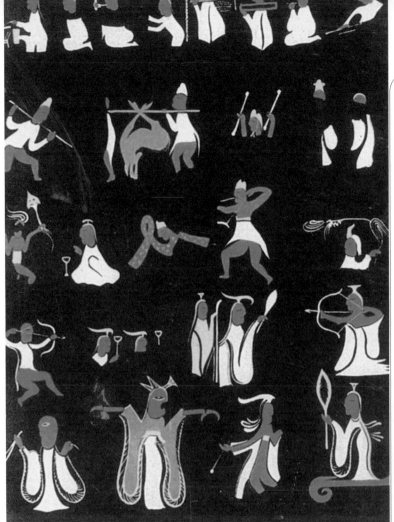

巫師樂舞

古代社會生產水準低下，自然科學技術不發達，人們相信有神靈存在。而借助巫師樂舞祭祀能使人與神交流，神會賜給人神力，幫助他們預知吉凶、對付災難，甚至實現他們心中的願望。圖中人們正在準備祭祀用的美酒、牲口、樂器等物品，而巫師似乎正在念咒祈禱。

所以又稱他們為「陰陽先生」。

　　不過，風水也不是特別神祕的事情。在中國古代，有些文化的讀書人一般都懂得一些風水，很多科舉出身的大官賢達甚至精通風水。從歷史上看，風水學在先秦時期就已經開始孕育；魏晉南北朝是風水學廣泛傳播的時期；宋代風水學已經是很盛行了，明清時一度到達氾濫的地步。近代以來，風水學依然十分盛行。不過在中共統治後，風水學受到毀滅性的打擊，但在民間仍然有一定的市場。

　　應該說明的是，風水學與現代的建築環境學是有區別的，風水學沒有科學依據，屬於迷信，而建築環境學則是建立在科學基礎上的。

觀水、覓龍、選氣、點穴與察砂

——風水先生的工作內容

　　數千年來，看風水的習俗在我國民間長盛不衰。經過長期發展，各地、各代、各派的風水先生的工作內容也呈現出不同的特色。歸納起來，主要有觀水、覓龍、選氣、點穴、察砂等項。

　　觀水，就是看有無流水以及水的流向如何。風水學中有「入山先觀水口」之說。水口一般分為兩種，即水流入之處和水流出之所。有的地方稱為水局，分為五種：水流奔向龍穴，謂之「朝水局」；水流在龍穴前方左右奔流，謂之「橫水局」；龍穴前有湖泊，謂之「據水局」；水流從龍穴向外奔流，謂之「去水局」；龍穴處無水，謂之「乾坡局」。在信風水的人看來，水代表財，水走，則財失。

　　覓龍中的「龍」指的是地脈的行止起伏。因為從高處鳥瞰大地，平原上的丘陵，高原上的崇山峻嶺，都像是臥龍或飛龍。龍之止為穴，龍穴分為大聚、中聚和小聚。大聚為省城都會，中聚為州邑大郡，小聚為小鎮村莊。風水中的覓龍就是找「靠山」。一般認為山脈綿延，合脊

用山雀叼籤進行占卜的老人

清末明信片。古人用火灼龜甲，推測行事的凶吉。這位老人卻別出心裁地讓小鳥來叼籤，不僅讓占卜活動更加神祕，還帶有某種趣味性的雜技表演。

處有輪有暈，說明該山有生氣，為吉利，反之為凶。另外，山的形勢也十分重要。

選氣，風水先生將氣分為天氣、地氣、陽氣、陰氣、風氣、水氣多種。他們的工作很多時候就是找「氣」。其訣竅可以歸納為：氣要高，要正。比如，找地氣時要等到中元節氣之日，丑、寅、酉、戌等時辰才行。他們大多認為氣如張蓋，色清而奇，主貴；穴氣疊嶂，色豔而濁，主富；氣如日虹，明燦如鳳舞，主喜；初吐一線，上結華蓋，成五彩，則是帝王之氣。

路旁的占卜先生

清末明信片。這位先生道士打扮，正襟危坐，對占卜之事似乎頗為慎重。他旁邊的圓筒裡放著竹籤，以便顧客求籤卜吉凶。

點穴，指的是確定陽宅的位置。選陽宅的時候講求「龍首當鎮，龍尾當避」。具體地說，陽宅一般要選在地勢寬平、枕山襟水、局面開闊、前不破碎的地段。從形狀上講，陽宅地基的形狀最好為扁矩形，而不應是縱深方向長的狹長形。

所謂的察砂，就是觀察、研究主龍周圍的小山。風水先生一般認為主龍與周圍的小山之間有主僕的關係，這也是封建社會的等級觀念的反映。他們把主山旁邊的小山稱為「侍砂」；環繞的小山叫做「衛砂」；面前侍立的小山稱為「朝砂」；繞抱穴後的小山稱為「迎砂」；位於穴位左手稱「上砂」；右手的叫做「下砂」。上砂要講求長、高、大；下砂要低而平。用風水中的術語說就是「青龍要高大，白虎不能抬頭」。

從風水先生的工作內容看，其中有些包含了自然地理、氣候等科學因素，而有些東西純屬子虛烏有，沒有任何科學根據。所以，我們要區別對待，仔細地加以甄別，不可盲聽盲信。

羅盤、魯班尺、立極規與
六壬盤 —— 風水先生的工具

　　風水先生在看風水時不能只用眼睛看，還必須借助一定的工具。他們常用的工具有羅盤、魯班尺、立極規、六壬盤以及扶乩用的乩盤、乩筆等。

　　羅盤，是風水先生看風水的重要工具，一般由天池、內盤、外盤三部分組成。天池也叫做海底，就是指南針。其底部繪有一道紅線，謂之海底線，也有的繪有十字線，分別指示東南西北四個方位。不論哪一種，使用時都要使磁鍼與海底的南北線重合。所謂的內盤就是緊靠指南針外、可以自由轉動的圓盤，上面分為許多格子和層次。外盤多為正方形，作為內盤的託盤使用。

　　魯班尺，也叫做「魯般尺」，原本是建造房宅時所用的測量工具，其形狀類似今天工匠們所使用的曲尺。魯班尺，相傳為春秋時魯國的公輸班（木匠的祖師爺）所作，長度約有50公分。不知何年何月，被風水人士在刻度上加入八個字，就用來測度房宅的吉凶禍福，並給它起了個新名字——「門公尺」。上面加上去的八個字分別是：「財」、「病」、「離」、「義」、「官」、「劫」、「害」、「本」。在每一個字底下，又區分為四小字，用來區分吉凶禍福。

　　六壬盤，多為古代風水先生使用，據說是他們相宅擇地的主要工具。從外形上看，其上圓如天，下方如地。所謂的六壬，依次為壬申、壬午、壬辰、壬寅、壬子、壬戌等六十甲子中的六壬。天盤中央是北斗七星，內圈是十二月份，周邊是二十八星宿；地盤分為十

占卜栻盤　西漢

這是神仙家的占卜用具，按照陰陽五行學說製成天圓地方二盤，可推斷吉凶，是道教思想的產物。盤由象徵「天圓」的天盤和「地方」的地盤合成，此盤中的天盤已失。

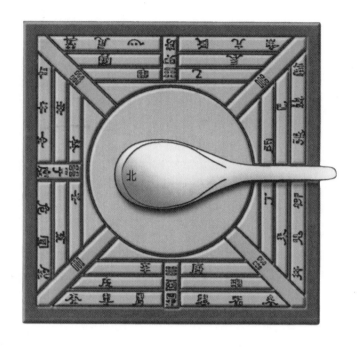

司南之圖

羅盤既是航海用的科學
儀器，又是風水學的用
具。

天干、十二地支、二十八星宿三層。其工作原理是運用六壬術來推算天
時和方位吉凶。一般人們用它來占卜關於嫁娶、生產、曆時、屋宇、祿
命、得官、祭祀、發病、殯葬等的吉凶禍福。

　　扶乩要用一系列的工具。扶乩之前，乩師要準備一個乩盤，即裝
有細沙的木盤，有時以灰土代替細沙。乩筆是乩師用來在乩盤上寫字
的筆。扶乩開始前插到筲箕上，有的乩師圖省事，用一個竹圈或鐵圈，
圈上固定乩筆。扶乩活動開始後，乩師要拿著乩筆在沙盤上不停地寫
字，所寫的文字都是天書，一般人是認不出來的，要由專人負責記錄
和翻譯。據說這就是神靈的指示，可以用來為求乩的人釋疑解惑。扶
乩大約在西漢時期出現並開始蔓延。關於扶乩降筆的讖緯之書在魏
晉南北朝時期大量湧現。宋、元、明、清等朝代，占卜扶乩之風日盛。

　　總之，不管看風水時用不用工具，用什麼樣的工具，看風水的性
質不會因這些而改變，其有效與否，與用不用工具也沒有必然的關
聯。

看相與談命

——看相算命業的發展

　　長期以來，看相算命是中國幾千年的歷史中，持續存在、發展的一種社會文化，它影響廣及社會政治、文化生活。

　　看相算命早在先秦時期就已經出現了，只不過還沒有成為一種社會職業。如西周的文王、春秋的范蠡都曾為人看相算命，但不收錢，看過算過之後往往「笑謝而去」。秦漢時期，由於社會的變遷與動盪，老百姓的個人命運變幻無常，這時的看相算命迅速發展，逐漸成為一個行業盛行起來。

　　民間還流傳著漢代一些達官顯貴的「福相」之說。看相算命業發展到唐宋時代，主要是「八字」。所謂的拆八字就是根據出生時的年、月、日、時再配以天干地支，然後依五行七政的理論推算命運休咎、吉凶禍福的相術。那時的老百姓想豐衣足食、享受福樂安康，讀書人想「建功立業，出將入相」，都先要請人拆拆「八字」。相人抓住人們的這種心理，開口就是財富、科舉、仕途等，以吊人胃口，所以「八字」算命之術在唐代逐漸成熟起來。唐宋時的看相算命已經流行到一定程度。

　　明清之際，看相算命也風靡一時。明朝的朱國禎在《湧幢小品》中談到當時看相算命的習俗時說：「士大夫人人能講，日日去講，又有大講他人命者。」宋濂在《祿命辨》也說：「近世大儒於祿命家無不嗜談而樂道之者。」明朝時，在民間是

《周易》書影

《周易》是我國古代文化的重要典籍，也是卜算之學的理論依據之一。

舊時路邊的算命先生

攝於二十世紀三、四十年代。地攤中間放著一個畫有代表算命基本符號，即八卦符號的紙片，周圍擺放著許多小冊子。有人來算命的話，只需從地攤前面的小罐子裡搖出一支帶字竹籤，然後，算命先生就從那些小冊子中，拿出一本參考書，告訴他的主顧有關未來的事。

家家有相書，人人都談命。清代的看相算命業較之明代有過之而無不及，理論上有《神相全編》，其洋洋二十多萬字，附圖百餘張，記錄了包括八卦演算法、易相推命法、星象推命法等多種；相人隊伍，有江湖郎中、游方僧道、乞丐文人等，隊伍的龐雜達到空前的地步。這時的看相算命氾濫，相士的地位也大不如前了。

　　從看相算命業的發展歷程看，之所以長盛不衰，是因為它恰到好處地迎合了人們想預知未來吉凶禍福的心理。但必須明確了解的是，看相算命是毫無科學根據的迷信活動。

看相、測字與解夢

——算命先生的工作內容

　　算命逐漸發展成為一個職業後，算命先生也就有了特定的工作內容，主要包括看相、測字、解夢等。

　　看相，是一種很複雜的相術，它包括看面相、看走相、看骨相、看身相、看手相、看足相等許多種。

　　測字，又稱為拆字，大概始於南朝的劉宋。測字時，測字先生讓問卜人任舉一字，然後觸機附會，從而判斷吉凶禍福。通常測字先生慣於玩文字遊戲，見人說人話，見鬼言鬼語，糊弄別人賺取錢財倒是真的。

　　解夢，是算命先生的重要工作內容。從古至今，有些人們相信神靈會通過夢給人一定的啟示，因此對解釋夢的含義非常重視。古代還專門設有「占夢」的官職，稱為「夢官」。《周禮》把夢歸為「正夢」、

拆字先生

清代蒲呱繪。這位先生只要看顧客寫下的字，通過分析就能占卜吉凶。陳文瑞有詩云：「學數談星各隱占，偏旁字拆減還添。心馳商賈工農外，且設君平卜肆簾。」

「噩夢」、「思夢」、「寐夢」、「喜夢」、「懼夢」等許多門類，以便於「掌
其歲時，觀天地之會，辨陰陽之氣，以日月星辰，占六夢之吉凶」。而算
命先生大多懂一些陰陽、八卦的思想，很多時候為人們解釋夢境的責
任。他們大都根據夢者境遇、心態、願望做出各種牽強附會的解釋。
如「夢柴得財」、「夢鬼主凶」或者是「夢死得生」、「夢喪主喜」、「夢
喜得憂」、「夢紅兆災」等。

　　算命先生這些工作內容有時候並行不悖，有時候他專於其中一
項。透過這些形式，他們一方面可以安慰疑惑不定的人們，另一方面
自己也可以獲得衣食所需，維持生計。

相士欺人

選自《點石齋畫報》。講
一個相面士騙人錢財的故
事。相士占卜看人面相、手
相、骨相等，從人的面貌、
精氣神來占卜。

武神

四川省郫縣傳世神像，用於祭祀。祭武神以及其他神仙的風俗可能是原始巫術的延伸，只是在不同條件下改變了崇拜對象。識的出現與原始巫術也有很大關係。

立言於前，有徵於後

── 歷代讖語、圖讖

讖，本意是預言，具體一點就是假託神意預言國家或個人的吉凶禍福，多以隱語的形式出現，更增加了它的神祕色彩。其特點在於「立言於前，有徵於後」。

圖讖之說最早出現於春秋時期。在流傳、發展的過程中，存在著讖語和圖讖兩種主要形式。讖語指的是只有文字而沒有圖畫的預言，而圖讖則是二者兼而有之的預言。

隋唐之際，最有影響力的圖讖莫過於《推背圖》。它堪稱是一部奇書，由袁天罡和李淳風共同完成，主要內容是預言唐朝以後中國的國運興衰、治亂以及重大的歷史事件。全書按照六十甲子的順序生動地講述唐以後的朝代更替和歷史變遷。每一個干支都配有一圖、一卦、一頌、一讖。

明清時有許多圖讖著作，較為出名就有《燒餅歌》、《透天玄機》、《藏頭詩》、《黃蘗禪師詩》、《孔明碑》等。發展到後來，圖讖的創作者多在讖語中談論自己的歷史觀和主觀願望，與圖讖「預言」的本旨相去甚遠，人們逐漸對其喪失了興趣。

五行星圖

五行理論是中國方術的重要理論之一。圖中實線為相生關係，虛線為相克關係。

大祖日己戈、祖日乙戈、大兄日乙戈　商代晚期

這些記有廟號的戈上，都刻有許多銘文，為商王大祖日己、祖日乙等廟號，據說與死日有關。

假神仙旨意託言

——扶乩術的流變

扶乩,又稱作扶箕。早期的扶乩產生於秦漢時期的巫術,之後歷經千百年,雖然沒有什麼顯著的發展變化,但始終廣泛存在於中國民間。

「乩」的本意是指傳達神仙旨意的筆。因為神仙要想對常人表達什麼,不會直接地、明白無故地告訴人們,而是要由乩仙手拿乩筆在沙盤上寫下自己要說的話,藉以表達自己的思想。這個過程就稱之為「扶乩」。

早期扶乩的用具非常簡單。如乩筆就是用筷子或削的細木棍做成的,然後將其安插在沙盤的邊緣。而沙盤有時以在桌面鋪上麵粉代替。當然,無論鋪的是沙子還是麵粉都要均勻、平整,否則便是對神仙的不敬。然後,由乩仙一手扶沙盤的邊緣,一手用乩筆在沙盤上洋洋灑灑地寫下「神語」,一頁寫滿後,將沙整平再寫,直到神仙「回府安歇」。

南北朝時期的扶乩大多數請的都是紫姑。傳說,最初的紫姑是一個大戶人家的妾。主母因為嫉妒總是叫她幹髒活累活,還經常打罵她。不堪羞辱的紫姑最後於正月十五元宵節成神。乩仙們在請紫姑神的大駕時,經常說的一句話就是:「子婿不在,曹姑亦歸,紫姑可出戲。」

南北朝以後,扶乩時請的神仙逐漸多起來,儀式也變得複雜多樣。南宋年間,北方的少數民族南下,人民飽受兵革之苦,扶乩的風氣空前興盛。一些地方在扶乩時還要供上南華真人、玉虛真人、太乙真人等道教神靈的牌位,據說這樣很靈驗,扶乩的程序也變得正規起來。如問卜人要畢恭畢敬地在黃紙上寫下要問的事,乩仙則要對這張紙施

巫師立像

四川廣漢市三星堆出土。這尊立像高1.7公尺,與真人相當,是當時最大的青銅鑄像之一。他象徵「群巫之王」或一代蜀王的形象,似乎正在指揮整個祭祀活動。青銅立人應是眾多參加宗教活動的蜀國首領和巫師的形象。

以法術，噴灑符水，然後交給神仙檢視。最後才行扶乩之事，其程序與先前沒有多大出入。

明清之際，人們在扶乩之前先要畫符念咒。扶乩的儀式也較為正規，一般要沐浴更衣，焚香禱告，同時輔之以符咒。這種儀式讓扶乩這種廣為流傳的迷信活動給人一種玄奧神祕的感覺。但事實上，「扶箕並不是什麼神靈的降示，只是自己心靈的作怪而已」。（許地山《扶箕迷信的研究》，注：「扶箕」同「扶乩」）。

瞧香圖

選自清代北京民間藝人繪《北京民間風俗百圖》，此圖反映的是古代的一種民間巫醫活動。

風水算命

卷九 無常世界，極端宣洩

賭博由來已久，究竟起於何時，大致有兩種說法：一是由遊戲發展而來，時間大約為原始社會末，奴隸社會初；二是與上古時代的迷信活動有關，由占卜發展而來。

賭博形式演變的歷程

朝 代	主 要 賭 博 形 式
夏 朝	傳說夏桀的寵臣烏巢發明了賭博，於是有了「烏巢作博」之說。此時以投擲為主。
春秋戰國	流行「格五」、「六博」等賭博形式。管仲、孔子等人主張禁賭。
漢 代	主要有「塞戲」和「雙陸」。「塞戲」玩法如今跳棋；「雙陸」來自胡地，擲骰行馬，以誰的馬最先全部出去為勝。
唐 代	除前代玩法外，還出現了鬥雞與鬥鵪鶉。
宋 代	流行玩「宣和牌」。
明 代	主要有紙牌、骨牌和鬥蟋蟀。
清 代	除傳統的擲骰賭法外，還有「彩票」。

從「烏巢作博」説起
——賭博的起源

　　賭博由來已久，究竟起源於何時，大致有兩種說法：一是由遊戲發展而來，時間大約為原始社會末、奴隸社會初；二是與上古時代的迷信活動有關，由占卜發展而來。

　　第一種說法認為原始社會末期生產力發展到一定階段，社會上出現剩餘產品，人們在勞動之餘也有了一定的閒暇，這時便出現了各種各樣的遊戲，娛樂身心。而後夏桀的寵臣烏巢發明了賭博，因此後世流傳著「烏巢作博」的傳說。但這都不是正史記載的史實，可信度不大。據歷史學家分析，極有可能是古人有意把嗜賭這種惡習與暴君連結起來，而說成是他的臣子發明了賭博。即便真的是這樣，當初的賭博僅僅是種遊戲活動，也很難與荒淫無道連結在一起。相反，賭博的出現恰恰反映了生產力的提高。

　　第二種說法認為賭博與先民的迷信活動有關，也有一定的道理。因為到了原始社會末期，儘管生產力有了相當的發展，但總體來說，

中國歷史上最早的禁賭法令

戰國時期魏國李悝的《法經》中有所記載，「嬉夢」上寫道：「博戲罰金三幣；太子博戲則笞，不止，則特笞，不止，則更立。」意思是，對一般人賭博要罰款，而對帝王的繼承人太子的處罰十分苛刻，要處以鞭刑。

人們還是匍匐在自然的腳下，無能為力。這時便產生了迷信思想和活動。而以投擲產生不同排列組合的賭博，非人力所控制，冥冥之中好像是神的安排，極有可能作為一種占卜形式。從這個意義上講，賭博與占卜是一對不可分割的孿生兄弟。

有了賭博，隨之禁賭的措施也就出現了。大概古人很早就意識到賭博是一種浪費時間、消磨意志的活動。據古籍《管子》記載，春秋初年，齊桓公任用管仲為相，管仲向齊桓公陳述自己的政見時就談到賭博氾濫是國家衰敗走向滅亡的重要原因。因此，管仲上任伊始就厲行禁賭，把禁賭作為他的「五政」之一。可見，管仲真是有先見之明。

打馬球圖壁畫摹本　遼

1990年內蒙古自治區敖漢旗寶國吐鄉皮匠溝遼代1號壁畫墓出土。畫面自左至右共有5位競技者在騎馬揮杖擊球，反映出一場激烈的馬球比賽正在進行。歷史上，用馬球來博彩，是一種集競技運動與賭博於一體的活動。

鬥雞走狗與誘賭騙錢
——各種賭戲和賭場騙術

賭博自產生以來，儘管歷代都遭到禁止，但仍然以頑強的生命力向前發展，還出現了一系列的賭戲和賭場騙術，並且不斷地翻新花樣。

漢代的賭戲主要有塞戲和雙陸兩種。塞戲歷史久遠，以互相堵塞為樂，玩法如今天的跳棋，具體詳情無從考證。雙陸，來自於胡地，賭時雙方用兩個骰子擲骰行馬，根據點數行一馬或二馬。如果兩骰擲彩之和大於六，二馬就可出局，不足六點，不能出馬。最終誰的馬最先全部出去誰就獲勝。

唐代的賭戲除了繼承原有的玩法之外，還出現了鬥雞和鬥鶴鶉的賭法。宋朝宣和年間（1119-1125年），社會上流行一種叫做宣和牌的賭戲。宣和牌共三十二張，兩個骰子的點組成一張牌，最多的是十二點，是天牌兩個「六」，最少的是兩點的地牌「么」。宣和牌一般四個人玩，每人八張牌，由擲骰點數最多的人擔任莊家。

賭博發展到明代，賭法主要有紙牌、骨牌和鬥蟋蟀。紙牌六十張為一副，每張寬不到3.3公分、長6.7公分，上面有繪畫。玩的時候四人一局，其中一人做莊，依次發牌，三四張牌可搭成一副，配成三副者為贏。骨牌跟紙牌的玩法大同小異。清代的賭戲除了傳統的擲骰賭法之外，還有了具有現代意味的賭法——彩票。彩票的形式是鬥彩者競猜科舉考場中的士子登科者的姓氏，以猜中個數的多寡定輸贏。

吳三桂鬥鶴圖 清

圖中八仙桌上用紅圓格圍成賭局。中置兩隻鶴鶉正在酣鬥。桌子左右各有一位侍者，負責挑逗鶴鶉。桌子上方坐著吳三桂，他正聚精會神地觀看比賽。左右有侍者伺候。

賭場流行的八種騙術

1. **出老千**：在賭博中施展各種絕技的手腳，混淆是非；
2. **急眼神**：又叫「瞥內盤」，是番攤賭博的一項絕技，即搖擺骰子，只在開蓋的一剎那記五點數，因此叫急眼神；
3. **飛子**：即在開蓋的瞬間撥動骰子，使點數改變；
4. **提子**：利用人們數子的機會用中指指尖把子倒提進手掌；
5. **量天尺**：是一種類似天平的儀器，藏在賭台內盤，可量出子的重量，可透過縫隙瞥見天的指數，確定幾枚子；
6. **添丁**：一種是事先在寶蓋內機關的頂端放好，依點數大小按動蓋的機關；另一種是趁揭蓋之機提起內盤中的子藏在手心，再利用撥子時，把子投進去；
7. **連襠**：兩人或多人彩同作弊，在狗賽、馬賽和回力球中常見；
8. **賣不輸之方**：是一種利用賭徒心理，出售所謂「包贏不輸法」祕訣的欺騙行為。

　　賭場中除了花樣繁多的賭戲之外，令人咋舌的就是層出不窮的騙術。歸納起來有以下幾種：其一是誘賭詐錢。使用這類手法鎖定的目標一般是富家子弟。開始時，賭徒引誘他們玩玩試試，使之產生興趣。之後，再輸一些小錢吊其胃口，等到其賭興大發，賭徒們便耍弄各種手段大贏其錢。其二是聯手謀利，就是若干賭徒在賭前串通一氣，約好場中的暗語，如用「吃」、「杠」、「碰」代表「條」、「筒」、「萬」，說「摸」指「一三五」，說「快」指「二五八」等。這樣互通資訊，互相喂牌，專門捉弄被套者，讓他無論牌有多好也休想贏一局。其三是施詭計贏賭，常見的是對骰子做手腳，如挖空幾顆骰子中的一顆，灌上水銀或其他重金屬。當有人擲骰子時，瞅準機會在骰子快要停止轉動時一拍桌子，灌有異物的骰子就會下沉而止，從而得到自己想要的點數。還有就是偷偷地換牌，事先在袖中或身上藏幾張牌，必要時拿出藏牌換牌配對，從而扭轉不利局面。

　　古往今來，賭戲和賭場騙術雖然種類繁多，數不勝數，但有一個共性就是利用人爭強好勝的心理，使之身陷其中不能自拔。不為賭戲所惑，不被形形色色的騙局所套的最好辦法就是遠離它。

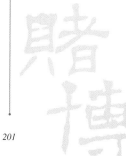

跑馬廳、麻將與紙牌

——賭場和賭博工具

賭場，就是賭博的場所。隋唐之前沒有專設的賭場，之後賭博的場所越來越固定。到了清末民初時，已經出現較為成熟的賭場。除了鄉鎮的茶館、酒肆等兼職賭場外，還有「跑馬廳」、「跑狗場」、「回力球場」等專門的賭場。

舊上海的跑馬廳有三家，分別為上海跑馬總會、遠東公共運動場和中國賽馬會，選址分別在上海、引翔鄉和江灣。下面以在江灣的中國賽馬會為例介紹跑馬廳的情況。中國賽馬會又稱為江灣賽馬會，由葉子衡發起建立。它於1909年開始籌備，1910年建成，翌年開賽。後來又分別在1917年和1924年擴建，主體建築為辦公大樓和大看臺。

江灣跑馬廳的董事會設正副董事長各一人，另外的八名董事在紅股股東中選出。後來由於葉子衡送股給外國人，於是董事會的成員也複雜起來，出現了洋人董事克拉克、詹森和盤爾哥等人。該跑馬廳經營業績頗為看好，並於幾年後更名為萬國體育會，抗日戰爭期間被毀。

除了大型的跑馬場之外，上海還建立了三家跑狗場，最為著名的是明園跑狗場。它占地40000平方公尺，初期投入資金50萬元，於1928年5月26日開賽，當時還邀請了上海市的政要和各大報的記者參觀。後來明園利用各種手段欺瞞賭客，謀取暴利，於1932年被上海工部局查封，被迫停業。回力球場建在上海陝西南路，又名「中央運動場」，是西方殖民者以所謂的「回力球」詐取華人錢財的賭場，但由於中國人對這種賭博方式不熟悉，以至於該賭場較為冷清。

有賭場，自然就會有各式各樣的賭具，像上面談到的跑馬廳、跑狗場和回力球場等大型賭場的賭具一般為彩票，而民間的一些小規模的賭博所用的賭具就顯得五花八門。常見的有麻將，輔之以各

黑漆朱繪六博具　西漢

1973年長沙馬王堆出土。該博具包括博局、棋子、直食棋、籌碼、骰子及博具盒。外施黑漆，內飾朱漆的正方形博具內，嵌放一平板式博局，局通體黑漆，局面以象牙條鑲嵌成局式。盒一端分別放有黑白棋子各6枚、直食棋12枚、長籌碼12枚以及骰子、割刀、削各一件。這一套配套齊全的博具，為研究漢代六博提供了實物資料。

式各樣的骰子；還有古代流傳下來的各種紙牌、骨牌等；近代，中國
還引進了西方的撲克。撲克相傳是由威尼斯商人出海經商時，為打發
船上枯燥乏味的日子而發明的，1526年始見於文獻資料。撲克牌共有
五十四張，其中包括大小兩張王牌和五十二張分為四色的文字牌，每
色十三張。這四色分別為黑桃、紅心、梅花、方塊等。四色中一般認為
黑桃最貴，其次是紅心、方塊和梅花。玩撲克的方法
有很多，據說不下一百種。

　　近代以來，賭場朝著大規模、專業化的方向發
展，賭具更是不斷地花樣翻新，層出不窮，還出現了
高科技的賭具。

犀足筒形銅投壺　戰國

1977年河北平山縣三汲戰國中山王墓出土。該壺為青銅製，直口，平
底，下有三隻奇獸承托，兩側各有一鋪首銜環，腹部為圓筒狀。這件投
壺是目前已發現較早的銅質投壺。

孤注一擲博輸贏

——賭徒心理分析

賭博極其容易使人上癮。古往今來，沉湎於賭博的人數不勝數，而且參與賭博的人群構成極為複雜。這麼多來自各行各業、五湖四海的人參與其間，其實都受著相同的心理特徵支配。

賭徒的一個最大的共同心理特徵就是空虛。具體地說，就是這些人無事可做，或者是不知該做什麼，而閒著又難受，於是就以賭博來打發時光。舊時太太小姐們沒有事情可以做，家務有奴僕做，生計不用她們發愁，她們更不會去讀書學習，因為女子「無才便是德」。妓院中的賭博活動也長盛不衰，「碰十壺」、「成坎玉」、「趕洋」、「條猴」、「奪狀元」等賭戲在清朝中期的妓院中很流行。因為妓女們除了接客賣笑，實在找不到其他的事情做，只能以賭博來打發時光。

賭徒們在很大程度上受「孤注一擲」的心理支配，這也是眾多賭

官員打牌圖

在中國遊歷的歐洲傳教士將晚清官僚機構中官員、官吏聚眾賭博的情形，用略帶幽默和嘲笑的筆觸赤裸裸地表現在畫面上。

徒深陷其中不能自拔的一個重要原因。在賭博中越是輸得慘的人，這種心理就越占上風，總是想憑藉下一次大的賭注就能將以往輸掉的錢財統統撈回來，甚至還要大賺一筆。但總是事與願違，結果輸得更多。如明代金陵的一個太學生中了別人的詭計，一次就將自己的五千畝地全給押到了賭桌上，結果一夜之間由富翁變成了乞丐。

　　虛榮心有時也成為賭徒們嗜賭如命的重要原因。比如，唐朝後期的僖宗皇帝，在位期間大唐的國力日衰，而他又自以為自己是一位富有才智的君主，結果就把自己的「雄才大略」用到了賭博上。據說他與大臣們經常玩一種叫做「擊球」的賭戲，而且每次必勝。在場的大臣不厭其煩地高呼：「我主聖明！」唐僖宗一貫以賭博滿足自己的虛榮心，甚至於與楊師立、陳敬、牛勖等大臣以當時的劍南西、劍南東、山南西三道的地方官制作為賭注，然後「擊球」為賭，簡直荒謬至極。

　　有時候賭徒在賭博的過程中還抱著以此來討好某一個人的想法。比如，奉系軍閥張作霖入關進京以後，發現無論是南來的文官還是北京的部長都熱衷搓麻將，於是也想加入他們的行列，結果他發現自己簡直是一個搓麻將的天才，每次打牌必贏。其實，張大帥的牌技並不佳，只是在京的官僚政客為了討好他故意輸給他而已。一次，一位政客想在東北謀一個肥差，經人點撥，在牌局中憑著自己高超的賭技把張作霖的一把臭牌喂成清一色，事後不到一周這位政客就走馬上任。

　　或是空虛、孤注一擲的緣故，或是虛榮心在作怪，抑或是巴結討好等目的使然，無數賭徒沉溺其中難以自拔。有的賭徒心裡明白賭博害己害人，還是管不住自己。可見，賭徒的控制力差也是其沉溺賭博的重要原因之一。

誘人犯罪，敗壞風氣
——賭博對社會的危害

古往今來，賭博都是公認的社會腐蝕劑。它在毒害人們身心的同時，還嚴重地敗壞社會風氣和社會道德，影響社會治安，阻礙社會進步。

中華民族自古以來就是一個重禮儀、講道德的民族，有著勤勞勇敢的良好傳統。而賭博自產生之日起，就與我國的傳統精神背道而馳。它誘導人們養成好逸惡勞、得過且過的惡習，形成孤注一擲的賭徒心理。史書記載自戰國、秦漢以來，民風漸惡，與賭風日盛有著密切關係。因為賭博會使人寡廉鮮恥，置倫理道德於不顧，為了享受賭博帶來的片刻快感，可以與父母、兄弟、妻子決裂甚至反目成仇。這種大逆不道的行為勢必危及尊老愛幼的傳統美德。而且，這種心理和行為極具傳染性。極少數人的嗜賭如命，夫妻失和，子女無教，父子兄弟反目，周圍的賭徒很有可能相互效仿。此風便像瘟疫一樣在全社會傳播，勢必危及整個社會的風氣和道德建設。

賭博不僅是敗壞社會風氣的罪魁禍首，而且極容易誘發墮落、鬥毆、盜竊、搶劫、殺人、嫖娼等犯罪活動，嚴重危害社會治安。賭博還容易導致社會犯罪惡性循環，鬧得整個社會雞犬不寧，人心惶惶，不可終日。

民國時期，轟動一時的魏廷榮綁票案就是因賭博而起的。事後查明此次綁架案

的策劃者正是魏的連襟趙慰先。之前，魏廷榮對趙很好，趙對他也感恩戴德，只是自己嗜賭成性，不出幾年將自己的家底輸得一乾二淨。為了滿足自己的賭欲，於是就著手策劃了綁架魏廷榮的犯罪行動。

自古，「嫖賭」不分家。宋朝的《名公書判清明集》記載了這樣一個案例：南宋時期，衢州南市有一個叫支乙的賭徒，家有一棟二層小樓，樓上為櫃坊，樓下為茶肆，既設賭場又開妓院。當地一個叫做余濟的惡霸，先是姦淫了支乙的妻子，繼而霸占支乙的家，嫖娼窩賭。此地有一個叫做陸震龍的人，家道殷實。余濟與支乙合謀設下賭局詐光了陸的錢財。最後，陸震龍被逼無奈，自殺身亡。東窗事發以後，余濟、支乙被處以重刑。

賭博敗壞社會風氣，破壞社會治安秩序，使社會無從發展。人們終日沉湎於賭博，以至於「廢寢忘食」，白天玩到「繼以脂燭」，夜間則玩到「窮日盡明」，哪裡還有心思謀求進步、發展，最終的結果只能是「廢事棄業」。

家訓教育禁賭與政府法令禁賭
——歷代禁賭措施

賭博危害人們的身心健康，敗壞社會風氣和社會道德，影響社會治安，已經是人所共知的事實。鑒於此，歷朝歷代無不厲行禁止賭博。

漢代禁賭主要體現在《漢律》中，目標乃針對官員賭博。該書記載漢武帝時期「樊嗣侯僻方，坐搏掩，完為城旦」；「安丘嗣侯拾，……又搏掩，完為城旦」。其中「完」的意思就是削其鬢髮，「完為城旦」就是說剃去鬢髮再發配到邊塞服役5年。可見，當時對官員賭博的懲罰是很嚴厲的。

魏晉南北朝時期的禁賭措施主要是由一些視賭如命的官吏施行的。如東晉的于瓚對將軍瘐翼說：「夫嬉戲都名動相剋」，並不是治本之策，「自今樗蒲，擲馬諸不急戲」，應當立即予以禁止。瘐翼認為于瓚說的有道理，遂下令：「今唯許其圍棋，餘悉斷。」這一時期的禁賭行動缺乏系統性，力度也時鬆時緊。

唐朝統治者高度重視禁賭工作，他們在歷史上首次對賭博罪作了明確的規定。據《唐律疏議‧雜律》記載：「諸博戲賭財物者，各杖一百。舉博為例，餘戲皆是。贓重者，各依分，准盜論。輸者亦依已分為從坐。」按照當時的司法解釋：進行賭博，並以財物作為賭注的，不滿絹價五批者，就要受一百刑杖。

宋代的禁賭措施更加完善，它分為家訓教育禁賭和政府法令禁賭兩個部分。宋代的有識之士已經深刻認識到賭博對個人、家庭和國家社會的危害，總是教育自己的子女戒賭。當時流傳著一首〈戒賭詩〉：貝者是鬼不是人，只為今貝起

禍根，有朝一日分貝了，到頭成為貝戒人。訓誡無效的情況下，宋朝政府也大力使用刑律戒賭，如監禁、杖刑、刺配等，甚至於剝奪其參加科舉考試的資格。據說有一個叫肖元之的士人就因為聚賭被取消進士資格。

明太祖朱元璋以濫施酷刑著稱於世，他在1389年下令嚴懲賭博者：下棋打雙陸者斷其手，蹴圓者卸其腳。明初的這種「重典治世」方針後來逐漸被廢棄，代之以法律條文。對於賭博，後來的《大明律》規定：「凡賭財物者皆杖八十，攤場錢物入官，其開張賭坊之

人，同罪，止據見發為坐。……若賭飲食者勿論。」從這些懲罰條目上看，明朝繼承了唐宋元等朝代的禁賭法規。

清朝是中國最後一個封建王朝，其禁賭政策也綜合了以往各代的措施。一是通過皇帝聖旨屢次屢申禁飭，對違反者處以流放、責杖、發配、充軍等刑罰；二是通過家法庭訓禁賭；三是充分發揮社會輿論的監督作用，以幫助禁賭律令的實施。民國以來，政府也多次頒布禁賭法令，但因為這一時期中央政府在地方統治力量薄弱，再加上政局的動盪，所謂的禁賭政策與法律形同虛設。

黑白江湖，草莽風雲

中國的幫會大多起於明末清初，而後在半殖民地半封建社會中發展壯大。這一時期，西方的侵略，國內政治的腐敗，戰亂以及社會動盪，使人們流離失所，幫會乘機擴大勢力。

歷史上著名的幫會

名　稱	主　要　特　徵	活動時期
天地會	成員多為農民小手工業者、小商販、運輸工人及其他江湖流浪者。無明確的政治綱領和政治目的，有時「反清復明」，有時「劫富濟貧」。由福建、廣東、臺灣一帶發展至四川、湖北、安徽及江浙等地。	明末清初
洪　幫	洪幫成立較早，早期從事抗清活動，組織名稱很多，各個團體都有其山名、堂名、水名、香名、內外口號等。	明末清初
青　幫	早期以香火船為權力中心，分為翁、錢、潘三大分支。利用整頓漕運的機會，聯絡舊有糧幫和天地會，統一了糧幫組織。清朝滅亡後，青幫與洪幫逐漸合流，成為遍佈全國的組織。	清
哥老會	與天地會同源，由鄭成功創立的「洪門」發展而來。早期從事反清復明活動，遭到政府鎮壓，成為祕密活動的幫會。會眾多為產業工人、破產農民、軍人和無業遊民。參加過農民起義和反洋教運動。	清

反清復明的祕密組織

——幫會的起源

　　中國的幫會大多起於明末清初，而後在半殖民半封建社會中發展壯大。這一時期，西方的侵略，國內政治的腐敗、戰亂以及社會動盪，使人們流離失所。幫會乘機擴大勢力。

　　明末清初，政局還不十分穩定，許多人打著「反清復明」的旗號聚眾起事，稱霸一方。隨著清政府平定各地，站穩腳跟，這些反清復明的組織紛紛改頭換面，成為各種幫會勢力。明末的反清志士鄭成功去台之後，其留在大陸的殘餘勢力一度成為眾多幫會的淵源。勢力較大的有江浙一帶的「青幫」，兩廣一帶的「洪幫」，川、滇、黔等地的「哥老會（袍哥）」以及活躍在中越邊境地區的天地會。

　　最初哥老會的少數人以拈香拜把的形式結義，後來逐漸發展壯大為「聯盟」團體。他們結拜的誓言是：「仁義結拜，生死與共。」其信條是封建的「三綱、五常、五倫、八德」。開始的時候，哥老會強調縱向發展，後來為了進一步鼓勵人心，壯大組織，擴大影響，改縱向發展為橫向發展，宣導哥弟平起平坐。因此，哥老會又有「哥弟會」之稱。

　　青幫建立後不久便與漕運扯上了關係。當時滿清黃河以北的八旗兵丁所需的糧米都是通過大運河從南方調運過來的。而青幫組織祕密地在運糧的執事、水手和縴夫中發展勢力，對外稱為「安清道友」。然而清政府在道光、咸豐年間（1821－1850年）轉而興辦海運，使得原來漕運的水手紛紛失業。他們迫於生計，便借助青幫組織在江浙地區進行販運私鹽、搶劫等活動。其勢力以兩淮為中心，向蘇、皖、浙一帶滲透。

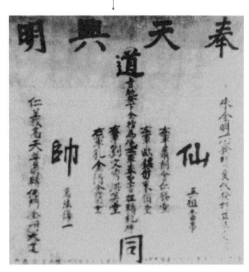

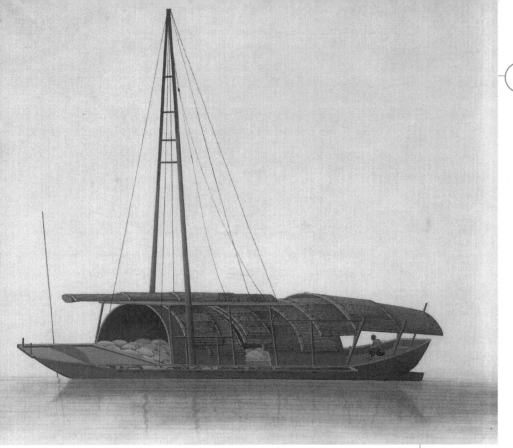

販米船

1800年至1820年作。這是一艘南方常用的江上運糧船。由此可以想見當年幫會漕運糧食、鹽及其他物品的情形。

　　隨著販私「業務」的擴大，青幫逐漸與長江中游的洪幫接觸，並趨於合流。早期的洪幫主要是在湖廣、四川一帶從事鴉片走私，同時也兼營井鹽的販運。在自貢、富順等鹽場密集的地區，洪幫的勢力很大。到了19世紀的八、九十年代，洪幫甚至參與軍火走私。

　　天地會是清代的一個祕密會黨，早期曾由蘇洪光主持。他把該組織改為「三合會」，即以天為父，以地為母，以日月為姊妹。早期的天地會聚眾抗清，在東南三省影響很大。後來它被清政府分化瓦解，統一的組織消失，但其殘餘遍地開花，在各地成立了許多新的幫會，如小刀會、紅槍會、三點會等。

　　不可勝數的幫會組織在中國半殖民半封建社會的溫床上滋生、蔓延，時而祕密結社，反清復明；時而劫富濟貧，替天行道；時而被反動勢力利用，荼毒人民。總之，幫會內部魚龍混雜，難辨清濁。

仁義結拜，生死與共

—— 幫會的思想基礎和倫理觀念

　　儘管大多數幫會都是一些鬆散的組織，但他們仍然需要一定的思想來籠絡成員，用與其思想相適應的倫理觀念來確定成員的等級地位和隸屬關係，同時規範其言行。

　　早期的幫會組織多以「反清復明」的思想團結、號召其成員。當時清朝剛剛入關，漢族群眾不予認同。許多人留戀逝去的明王朝。幫會組織看准了這一點，紛紛舉起「反清復明」的義旗以擴大影響，招納四方英傑。清初，民間盛傳「朱三太子」沒有死。於是在反清復明的旗號下，又多了「朱三太子」的名義。天地會就曾多次打著擁立朱三太子的旗幟進行反清活動。

　　隨著明王朝的遠去和清朝統治的日益穩固，「反清復明」逐漸失去了號召力。但不久西方殖民勢力侵入中國，以傳教士為先導的殖民者在中國土地上為非作歹，殘酷剝削、壓迫中國人民，引起了中國人民的極度憤慨。「反洋教」很快地又成為各種幫會組織號召其成員的重要思想。

澳門大廟

十九世紀明信片。圖中澳門大廟外活動著各種不同的人。其中左邊旗竿下，一位教士正在向中國人傳教。十九世紀至二十世紀初，外國傳教士借助殖民勢力向中國城市和鄉村擴張，引起了中國民眾的不滿。這成為後來青洪幫「反洋教」的一個重要原因。

青洪幫在19世紀八、九十年代大肆宣揚「反洋教」的思想。該幫的骨幹成員周漢，在兩湖地區撰寫、刻印、散發了大量的圖畫、書本、歌謠等形式的反洋教宣傳資料。這些宣傳品傳播極廣。同時，青洪幫的成員在各行各業中大肆煽動，竟於1891年在全國掀起了反洋教運動的高潮。

經過進一步地發展，幫會組織的思想在辛亥革命期間更加完善。他們提出「滅清、剿洋、興漢」的思想。這與孫中山領導的同盟會提出的「驅除韃虜，恢復中華」的口號異曲同工。1900年前後，四川的哥老會將其部分成員武裝起來，破壞教堂，大張旗鼓地宣揚「滅清、剿洋、興漢」的思想。他們一度占領縣城，勢力波及三十多個州縣，使得該地區的督撫道員、傳教士惶惶不可終日。

各種幫會組織不僅有自己的思想，還有與之相配合的倫理觀念。一些幫會（如天地會）吸收了部分的宗教倫理觀念，他們相信道教「盤古初開，天地兩儀，生四象八卦，生成三皇五帝」的創世說，於是拜天為父，拜地為母。幫會成員在結義時強調「言明忠義切莫欺，舉頭三尺有神靈」。

幫會組織在強調宗教倫理的同時，更注重家族倫理觀念。如青幫就對自己的成員嚴令申明：不准欺師滅祖，不准藐視前人。對那些犯禁者輕則責罰警告，重則趕出幫外，甚至於殘忍地將其截耳、割舌、燒炙、處死，無所不用其極。所有這一切手段，無不是用來維護幫會大家長神聖不可侵犯的尊嚴和地位。

總之，每一個幫會都有其特定的思想基礎和倫理觀念，而且大多還冠冕堂皇，但實質上有許多思想、倫理僅僅是為了標榜而已。幫會成員只要不觸及關鍵人物的利益，就可以為所欲為，甚至是無惡不作。

劉麗川告示

此安民告示，闡明小刀會除暴正貪、安邦定國之旨，並特論安民的具體規定。

網羅天下，遍地開花

——幫會的組織結構

　　幫會都有自己的組織機構，各幫會在不同的發展階段，其組織機構有著一定的差異。下面以天地會、青幫、哥老會為例進行簡單介紹。

　　最初的天地會沒有明確的組織制度，僅僅以傳徒的形式擴大組織。傳徒的時候，徒弟要向師傅交納一定的會費。因而傳的徒弟越多收入也就越高，於是師傅競相傳徒，徒弟也如法炮製，再傳徒。後來天地會的各團體設立了大哥和軍師兩個正式的職位。大哥負責統攝全局，軍師出謀劃策，兼主持天地會各種儀式。隨著組織的擴大，又出現了總大哥和散大哥的稱謂，散大哥包括二哥、三哥等名目。不論是大哥、二哥，還是三哥，誰拉進來的成員就歸在誰的門下，或者按照其他的方法加以分配。

　　青幫的組織機構與其成員的職業有著密切的關係。早期的青幫以香火船為權力中心，分為翁、錢、潘三大分支。各分幫的頭領經常以香火船作為議事場所，久而久之，形成不成文的規矩：掌管香火船的「當家」是各分幫的總管。但不是所有的船幫都有香火船，大約只有十餘個船幫有，如藍山板、吉安衛、德安衛、正陽衛、湖州頭、長淮衛、杭三、蘇前、嘉白、興武五、興武司、江淮四。有時一個大的船幫內有數隻香火船。

　　後來隨著漕運的漸趨衰落，青幫成員又開始以羅教的字排列等級輩分：清淨道德，文成佛法，仁倫智慧，本來自信，元明興禮，大通悟覺，萬象依國，戒律傳寶，化度心同，普門開放，光耀乾坤，帶髮修行。幫中充當老官、師父的人輩分一般都較為靠前，如大亨杜月笙就是「通」字輩的人物。

「小刀會」點春堂內景

「小刀會」是農民與手工業者的祕密團體，屬天地會支派。1853年，小刀會領袖分別帶領民眾攻克嘉定、寶山等縣。圖為點春堂內景，曾被小刀會首領作為城北指揮所。

湖州蠶農

十九世紀明信片。圖中水面上漂浮著五六隻船，蠶農正在往河中船搬蠶絲。在那個時代，青幫與水上漕運關係密切，而一般駕船農民多是其基礎群眾。

　　哥老會排輩的方式與其他幫會稍有差別，它沿襲了鄭成功的洪門十排位的定制，從前至後設十把交椅，其中第四、第七留空。據說，鄭成功時，第四、第七排的弟兄分別因企圖姦淫自家兄弟的眷屬和出賣組織而被處決，自此以後這兩個座位就一直空缺。

　　哥老會的第一把交椅自比劉備，別人稱之為龍頭大爺、舵把子或正印大爺。坐第二把交椅的人比擬關羽，下邊的人稱其為聖賢二爺。這個人往往品學兼優、言行謹慎。坐第三把交椅的人比擬張飛，主管當家執法，稱為糧台三爺。這個人需要品德端正，學識過人，並懂得恩威並重。坐第五把交椅的人稱為管五，下轄紅旗管事、黑旗管事各一人。坐第六把交椅的稱為藍旗管事，大體的職責是幫辦管事、巡風、金闕等。下邊坐第八、第九、第十把交椅的人也各有專職，只是更為繁瑣、細碎。

　　儘管各個幫會都有自己獨立的組織體系，看起來很完整，很有次序，但一個人在幫會中的地位很多時候取決於地方是否有權勢有地位。只有在地方上有權有勢有地位，才能在幫會中混得開，並擁有相應的權勢和地位。

走紅牌與掛黑牌

——幫規和獎懲制度

　　加入幫會的人員十分複雜，其中有許多都是流氓、惡棍、乞丐、盜賊等不法之徒，而幫會把他們收進來統一做事，就必須訂立嚴格的幫規予以約束。為了調動他們的積極性，幫會也有相應的獎懲制度。

　　中國近代幫會的主流——青幫訂立了十大幫規：一是不准欺師滅祖，二是不准藐視前人，三是不准扒灰搗攏，四是不准奸盜淫邪，五是不准江湖亂道，六是不准引法代跳，七是不准擾亂幫規，八是不准以卑為尊，九是不准開閘放水，十是不准欺軟凌弱。青幫通過這樣一整套的幫規來維護其虛擬的封建家族制度。在他們的制度體系下，師祖就是家長，尊師父就要像尊父母一樣。儘管其上上下下有著嚴格的等級之分，但表面上還有一層「平等」的面紗。因為青幫以字排輩，所以有「字大人不大，字小人不小；一律皆師，一律皆徒」的說法。其實一旦小字輩的徒弟冒犯了大字輩的師父，而自己又沒有什麼靠山，必遭嚴厲的懲處。

　　除了這些最為基本的幫規之外，在收徒方面，青幫的潘門還有專門的規矩，稱為「十大禁止」：父子不拜一師，一徒不拜二師，師過方（去世）不准另拜，關山門不准再開，本幫不准引進本幫，徒不收人師不再收，兄進徒弟不能進師，師過方徒不能替收，入會之後不准辱罵會中人，香頭不能自尊。之所以訂立這些繁瑣的收徒規矩，是為了防止與以血緣關係為紐帶的家族制度相衝突。如不准父子同拜一師，就避免了父子以兄弟相稱的情況；師過方不准弟子另拜師父，則是為了防止本支斷絕，即不要「斷子絕孫」。

　　無論青幫還是其他的幫會，除了冷冰冰的幫規，也都有相應的獎懲制度，以懲前毖後，敦促成員積極地為幫會效力。其中哥老會的獎懲制度較為完善，下面以此為例進行講解。

哥老會中對那些「勞苦功高」的弟兄要進行現金或升級的獎勵，其程序叫做「走紅牌」或「走字樣」，就是本區的紅旗管事手捧著大紅的名片，束貼到本埠各區通報表彰此人，以顯榮耀。各區在接到紅牌通報後，也要自動大張旗鼓地向本區的成員傳達喜訊，以示尊崇。

哥老會對觸犯幫規的成員視情節輕重分別予以處罰。一是賠禮道歉及經濟處罰，這是最輕的一種處罰方式。二是掛黑牌，即將犯規人的名字用大字報的形式寫在牆上，隨後不准其參加會內的活動，並且要自我反省，期間接受會眾監督。三是矮舉，適用於那些不孝父母，辱罵兄長的成員，即要他們跪下來辨明是非道理，改制認錯。五是傳堂訓戒，即召集本區哥弟聚會，當眾訓戒犯規的弟兄，一般要打手心或打屁股。以上五種處罰方式都是較為溫和的，對那些犯有嚴重罪行的成員及其親屬，哥老會有一套殘酷的處罰措施。其一是放河燈，如果姦夫、淫婦合謀殺死其哥老會的親夫就要受到此種懲罰：將淫婦剝光衣服仰面朝上釘於門板之上，再割下姦夫的頭顱置於淫婦的私處，然後連人帶板放入河中，任其順水漂流。其二是草壩場，這是一種極其殘忍的刑法，即由龍頭大爺當眾遞給被處死者一把匕首，令其自殺，不過要三刀六眼，胸、心、腹對穿，或者是自己挖坑將自己活埋。

一般而言，各種幫會組織的幫規和獎懲制度都非常嚴厲，甚至充滿了血腥。但這並不影響幫會及其成員為非作歹，為害一方。因為到涉及自身利益的關鍵時刻，所謂的清規戒律就會形同虛設。

天地會會旗

新立幫會與入會結夥
—— 幫會的開山儀式和入會程序

在一般人看來，幫會是一種鬆散的黑社會組織，無正規性可言。其實不然，幫會內部是很講求儀式和程序的。最為重要的莫過於開山儀式，最常用的是入會儀式。

近代的各種幫會之中，哥老會的開山儀式比較有代表性，其他的大同小異。下面以哥老會的開山儀式為例作介紹。所謂的開山儀式就是新的幫會成立或劃定自己新的勢力範圍時舉行的開立善堂的儀式。

開山儀式之前要選定黃道吉日，山主向鄰近各個山頭的龍頭大爺以及當地與哥老會有來往的官僚士紳發出請柬，以擴大聲勢。等到開山吉日那天，「三江六渡口、七十二碼頭、三山五嶽，邀道五屬各台哥弟駕至」。這時山主要親自出山相迎，互相寒暄之後，落座後開山。開山儀式的整個過程有著嚴格的程序。臺詞都是七字一句的，琅琅上口，使得儀式生動有趣。

開山的第一步是破土開山，上樑造堂。龍頭下令開山，司儀喊：「喜開懷，笑開懷，撩袍一步進堂來。大哥堂上傳下令，令我兄弟來破土。七星寶劍拿在手，龍虎穴前來破土。」之後，龍頭傳令造堂上樑。司儀的臺詞是：「喜洋洋，笑洋洋，撩袍理袖進香堂；天空降下二仙長，一名魯班一張良，修造三座忠義堂；忠義堂前反頭望，上面裝有紫金樑。」

第二步是排班升座。司儀奉命讓外八堂頭目排班升座。其臺詞一般是：「大哥請登金交椅，二哥請登銀將台，虎皮交椅三哥坐，五哥請上點將台。六八九么無位坐，站立兩旁來聽差。」

第三步是請神拜盟。諸位頭領洗手淨面。由紅旗五爺奉命斬雞，斬後念：「我把鳳凰斬完了，忠義堂前把令交。」之後將雞血滴入酒

中，開始結盟。第四步是宣佈紀律和職責。這時的「當家令」稱：「金倉銀庫皆掌管，律書條款記心房。」儀式完畢，招待陪同各位頭領入宴，宴罷散會。

　　青幫的入會儀式較為完整，富有代表性。儀式在香堂舉行，由傳道師主持，供奉翁、錢、潘三祖，唱焚香歌，跪拜本師。入會弟子必須有三個師父，即正式投拜的老頭子，以及「引進師」和「傳道師」。入會儀式中所有的在場人都必須按班肅立，輩分再大也不能坐下。跪拜的同時，傳道師要背誦幫規和「海底」—— 即十大幫規和青幫中互相查核的行話。這是一個交待幫規的過程，然後本門師要引導新入門的人拜見前人班子和同輩的「家裡人」，這叫做「孝祖儀式」。所有的儀式宣告完成以後，此人就算是青幫中人了。

　　所有幫會的開山儀式和入會儀式表面看起來都很隆重和正式，其間每一個人無不信誓旦旦，說什麼有福同享，有難同當。但真的要是遇到危難時，往往樹倒猢猻散，所有的恩義都拋到九霄雲外。

白鹽漕

約作於1800年至1820年。這艘船運的是精製白鹽，船較當時其他船大且漂亮。由此可以想見近代幫會販運食鹽的情形。

無效的幫會規矩
—— 幫會的日常活動和生財之術

　　儘管各種幫會的幫規、戒律標榜不准奸邪淫盜，但其成員的日常生活中從來都離不開這些。因為這是他們主要的生活方式和生財之道。離開了此類活動，幫會就無法存在了

　　近代幫會的主要營生是走私。其中食鹽和鴉片是他們最為鍾愛的貨物。歷代政府都規定食鹽只許官營，嚴禁私人販賣。但由於全國各地的鹽稅和鹽價很不穩定。這大大地提供了幫會販鹽的可乘之機。他們採取賄賂的方式在食鹽的集散地取得食鹽，再運到鹽價高的地區銷售。避開高額的鹽稅，鹽販可以賺取超額的利潤。長江上游的哥老會以走私四川的井鹽為主，而長江下游的以走私兩淮和江浙地區的海鹽為主。同時，長江上游的哥老會販賣的滇、黔、川等地的土煙和長江下游的天地會、青洪幫倒賣的洋煙占據了主要的鴉片市場。

　　對於幫會的成員來講，走私的同時，賭博是不可或缺的。他們不僅自己賭，還開設賭場。兩廣的天地會和青洪幫所設立的賭場不下幾百家，而且多以幫會頭目的名義設立。至於上海、南京、無錫一帶的賭館，無一家不是和青洪幫有關的。

　　另外，搶劫、綁票是幫會組織的拿手好戲。一般的幫會成員小偷小摸，詐騙成性，大的幫會頭目帶領其手下劫掠勒贖，入室搶劫，淫人妻女，無惡不作。據說，浙西的青洪幫連輪船招商局所闢航線上的旅客都不放過。湖南哥老會白天為民，夜間為盜的做法在當地更是無人不知無人不曉，而大多數被害人害怕報官受到報復，往往敢怒不敢言。

　　欺行霸市，是幫會在城市的重要斂財手段。20世紀初，哥老會的首領之一曾國璋，在上海租界定期對每一個工商業主收取5元洋錢的保護費已成定律，就像正式的納稅義務一樣。而澧陵的商會因幫會的

騷擾，一度沒有辦法運行，最後只得花重金買通了洪江會的馬福益，才得以將騷亂平息。

幫會的活動中，罪惡深重的還應當數拐賣婦女，開設妓院。兩湖、江皖一帶是歷史上幫匪搶拐婦女最為嚴重的地區。水路的幫匪一般誘使婦女乘其船，然後將其劫掠，販賣。旱路的幫匪則多採用招工等騙局使其上鉤。不管是用哪種方法劫掠來的婦女，很多時候先被藏匿在「屯戶」（一種專門藏匿被拐婦女，伺機轉賣的窩點）中。待人數較多了，而且各個方面也聯絡好了，幫匪再將其輾轉賣到上海、南京等地。其間婦女遭受非人凌辱、虐待的不可勝數。據史料記載，1882年，湖北江陵縣的哥老會在幾個月內就販賣了幾十名婦女。幫匪在拐賣婦女的同時，還直接開辦妓院，而且妓院離開幫會的協助，也很難立足。

總的來說，走私、聚賭、搶劫、綁票、欺行霸市、拐賣婦女、開設妓院是所有幫會主要的生活內容和生財之道。但具體各個幫會，各個不同的歷史時期，其側重點也是有一定差別的。

皮條開埋艇

作於1800年至1820年間。此船為妓女營業的船，船主是專門負責拉客的人。船中妓女多為水路幫會土匪誘拐的婦女。這種船是幫會惡人作惡的主要場所之一。

幫會內部矛盾的激化
——幫會內訌

　　自古以來，幫會內部就是魚龍混雜，更沒有什麼統一的思想和組織以及明確的綱領、目標。因此，幫會內部在長期相處的過程中，極容易發生內訌事件，大多數時候這種內訌表現為暗中爭奪，有時矛盾激化，互相廝殺。

　　中國近代以來的主要幫會，諸如青洪幫、袍哥、哥老會等幫會組織都曾發生過不同程度的內訌。下面以青幫和袍哥的內訌事件為例，予以介紹。青幫的中心在上海，其勢力主要在長江以南，尤以東南地區為重。而西北地方少有青幫組織，然而隨著楊虎城的十七路軍返回陝西後，青幫在這一地區便活躍起來，主要頭目是西安員警總局的偵緝隊長劉海亭。他屬於青幫的通字輩，在當地有一批徒子徒孫。不久，張學良的東北軍也進駐陝西。軍中的王大同屬於青幫大字輩的成員，他在這一帶發展的門生都是通字輩，與劉海亭平起平坐。劉海亭對此大為不滿，經常與王大同明爭暗鬥，爭奪門徒。

湖南天地會「洪順堂」憑證

湖南天地會是由鄭成功創立的天地會由東南地區向中部、西南地區傳播而形成的一個重要支系。除了「洪順堂」還有「會綠堂」等分支。這些山堂之間互不統屬，由於缺乏統一的綱領而經常會衝突不斷。這是幫會內部矛盾激化的後果。

　　礙於同門的情面，劉海亭與王大同表面上還很客氣，暗地裡彼此卻恨之入骨。於是劉海亭就買通了一個叫趙龍山的無賴去行刺王大同，結果沒有成功，趙龍山被王大同的保鏢亂棍打死。然而王大同也沒抓住劉海亭的把柄，劉海亭卻反咬一口說王大同打死了前來談生意的趙龍山，事後還以此為藉口指使親信打砸王大同的商店。雙方互不相讓，各有傷亡，最後由張學良出面調停，

畫家筆下的小刀會將士

圖中上海小刀會將士，有的在演練攻城戰鬥，有的在小憩，這反映了幫會合諧團結的一面。

得以平息。王大同感到此地難以立足，不久退回了東北。此次青幫內訌也宣告結束。

　　與青幫的這次內訌相比，四川袍哥的內訌要嚴重得多，當地老百姓稱之為「袍災」。抗戰前夕，四川百分之九十的青壯年男性都加入了袍哥組織，成員的增多及其成分的複雜，加劇了內部矛盾。

　　1923年，雙流柑子樹場鎮的袍哥大爺李安邦，與劉家壕的袍哥大爺黃瞎子為了爭奪碼頭，雙方的矛盾激化。起初是黃瞎子的屬下搶了軍閥劉成一支部隊的槍支，同時搞亂了柑子樹場鎮的秩序，還要在鎮上成立碼頭，此舉惹惱了李安邦。李安邦自然不允，與之交涉不成，遂糾集了數千人與來犯的黃瞎子對陣。黃瞎子自知敵不過，便以和解作為緩兵之計，不久又派兵偷襲李安邦，結果又被李安邦的後援打敗，其屬下多被擊斃。這場內訌以李安邦的勝利告終。

　　1929年，天全縣的袍哥大爺曹茂松與另一袍哥大爺楊紹興發生糾葛，最後演變為兩個袍哥支派的大規模火拼。雙方打了10餘年，總共死了數百人。1944年，劉文輝派人硬性調停，這場內訌才告終止。

　　解放前，全國各地的幫會內訌此起彼伏。而在這些火拼事件中受害最深的往往是當地的老百姓。無論哪一方獲勝，都是以老百姓的生命、財產損失作為代價，繼之再魚肉百姓，作威作福。

禍患民眾與推動革命的雙重角色
── 幫會勢力對社會的影響

　　幫會組織內部的組成分子複雜，加之外部各種勢力對其籠絡利用，因此歷史上各種幫會勢力在歷史舞臺扮演的角色是五花八門的，對社會的影響也是紛繁蕪雜的。對此，我們應針對不同時期，不同幫會派別具體分析。

　　首先，各種幫會組織在很大程度上是社會的毒瘤，危害一方。如早期成立的天地會，在乾隆以後出現了大量專事搶劫的分支。當時的天地會首領直言不諱：「若是遇到搶劫，只要亮出同教的暗號手語，便不相犯。」可見，天地會會眾搶劫是何等地猖獗。據地方誌記載，平和縣的酒販許阿協外出進貨時被洗劫一空，後經人指點，加入了天地會，很快就討回了被搶的財物。鑒於此，當時許多商人、富戶加入天地會，只為自己在各地做生意保駕護航。

杜月笙（右一）、張嘯林（左一）等合影

杜月笙為上海「三大亨」之首。其他兩位為張嘯林、黃金榮。杜從幫會起家，以販毒、設賭發財，又憑著八面玲瓏的社會關係，成為「滬上之聞人」。他不僅在租界、軍閥中上通下達，甚至與章太炎、楊度、梅蘭芳等關係密切，而且擅長於找政治靠山，當時許多軍政要員是其坐上客。

　　其次，幫會有時也充當革命的工具。1905年8月中國同盟會成立後，計畫首先在廣西、雲南的邊界地帶發動起義，就是考慮到該地區的會黨活動積極，基礎較好。1907年震驚中外的萍瀏醴起義爆發了。這次起義的直接發動者就是洪將會。起義的過程中，洪將會的舵把子馬福益、李

保路運動時抨擊盛宣懷的宣傳漫畫

保路運動是人民群眾為反對清政府出賣國家鐵路資源給外國列強而自發組織的活動。當時，許多進步人士發起領導了這場聲勢浩大的運動，而參與起義的群眾中有許多人也同時是哥老會的成員。

金其、張哲清、龍人傑、廖淑保等人先後負責組織、指揮。最後，起義失敗，許多會眾和首領被捕殺。

無獨有偶。1911年前後的保路運動引發的保路同志軍起義的主力軍，則是哥老會的會眾。當時四川的哥老會分為仁、義、禮、智、信五大支派。其中的「義派」在首領佘英的領導下，首先加入了革命的洪流，隨後，其他支派紛紛回應，共同發動了廣安、嘉定起義，結果損失慘重。為了總結經驗教訓和為下一次起義做準備，1911年的七八月間，哥老會的首領還專門召開了新津會議和羅泉井會議，會上商議了川北方面的起義事宜。在成千上萬的會眾推動下，四川的會黨起義此起彼伏，聲勢浩大。

總之，在辛亥革命各省獨立的過程中，不以功過論，幫會會眾確實是革命運動中一支重要的推動力量。

天地會、青洪幫與哥老會
—— 歷史上著名的幫會

　　中國近代史上的幫會名目繁多，數不勝數，但大的支派主要有天地會、青洪幫、哥老會等。其他的如小刀會、大刀會、紅槍會、袍哥等幫會都是它們的發展或變種。理清幾種大的幫會的脈絡，就看清了幫會的面貌。

　　天地會大約在明末清初創立，成員多為農民或破產農民、小手工業者、小商販、運輸工人及其他江湖流浪者。天地會沒有明確的政治綱領與政治目的。有的時候「反清復明」，有的時候又「順天行道」，有的時候還打出「劫富濟貧」的口號。這一方面反映其封建的忠君思想、以漢族為正統的民族觀念，另一方面又跟其成員所處的社會經濟地位有關，他們需要互濟互助。天地會最初主要在福建、粵東及臺灣一帶活動，稍後發展至廣東全省及江西、廣西、貴州、雲南及湖南等省。鴉片戰爭後，四川、湖北、安徽及江浙等省也出現了天地會。很多時候天地會組織成為少數人爭權奪利的工具，或是作為反統治階級反對革命、鎮壓人民的幫兇。

　　青洪幫，其實是青幫與洪幫兩大幫會組織的簡稱。同源的兩大幫會互相滲透，逐漸合流形成所謂的青洪幫。洪幫的祖師據說是明末的進士洪英。在清軍入主中原後，他積極從事抗清活動，曾與顧炎武等人共同創建「漢留」組織，後衍生發展成「洪幫」。洪幫的組織名稱很多，每一個團體都有其山名、堂名、水名、香名，內外口號等。青幫於洪幫之後創建，卻後來居上，逐漸發展成舊社會最大的幫會組織。其創建者是清雍正初年的翁岩、錢堅和潘清三人，他們利用整頓漕運的機會，聯絡舊有的糧幫和天地會，統一了糧幫組織，被推為首領，組成「安清道友會」，或稱「清幫」、「清門」，青幫由此而來。清朝滅亡後，青幫與洪幫逐漸趨於合流，成為遍佈全國各地的黑社會組織，勢力極

大。解放前的大上海，無論是市長還是局長、廳長等人，上任之前都要先去拜訪青洪幫的「老頭子」，否則一定會被趕出上海灘。

哥老會，與天地會同源，由清初鄭成功創立的「洪門」發展而來。由於其頻繁的反清活動，遭到清政府的嚴厲鎮壓，成為清朝民間的一個祕密活動的幫會。為了更好地掩人耳目，取《詩經‧秦風‧無衣章》中「豈曰無衣，與子同袍」之意，開始稱為「袍哥」，其首領稱老大哥或大爺，組織內部有時也互稱「袍哥」。哥老會會眾多屬於產業工人、破產農民、被裁撤的軍人和無業遊民。太平天國運動失敗後，會眾大多參加農民起義和「反洋教」運動。辛亥革命時期，有些會眾參加了革命黨人領導的武裝起義。此後，哥老會又往往為反動勢力操縱和利用。

這些大大小小、數量眾多的幫會有的在歷史上產生過一定的革命作用，但大多數幫會長期都站在人民的對立面，荼毒人民。

被民眾燒毀的法國教堂

二十世紀初，中國爆發了轟轟烈烈的反帝國主義的義和團運動，許多幫會會眾也受義和團運動的影響，放火燒毀了幾座法國教堂。圖為雲南昆明被燒毀不久的平政街法國教堂殘景。

絲竹聲聲，長袖善舞

中國最早的職業演員，大約產生於西周末年，那時稱其為「優」。這些「優」多為貴族的家養奴隸，善歌舞，會模仿別人的語言和動作，專供貴族聲色之娛。優孟就是春秋時楚國國王的「優」。

歷代名優代表人物及其事蹟

代表人物	主　要　學　說	活動時期
優孟	精通歌舞，善於模仿，其事蹟濃縮於成語「優孟衣冠」中，後人尊之為優伶的祖師。	春秋戰國
優莫	優莫曾大膽機智勸諫趙國國君趙襄子。國君嗜酒成性，晝夜狂飲數日，優莫說：大王還需努力，商紂能連飲更長時間呢。國君聽罷悔悟。	春秋戰國
趙飛燕	優伶出身，後成為皇后，善舞，深得帝王寵幸。	漢代
黃幡綽	技藝超群，卻屢遭唐玄宗戲弄。一次，他被丟進水池中，不讓其出水面。他在水中憋了許久，出來後說：方才臣在水中見到屈原，他笑臣遇到明君為何還要來此。	唐代
嚴蕊	一位很有骨氣的女優，博古通今，多才多藝。後來朱熹為借機整治政敵唐與正，嚴刑拷問與唐交往密切的嚴蕊，她被折磨得奄奄一息，也沒有一句供詞。	宋元
梅蘭芳	京劇、崑曲旦行表演藝術家，塑造了許多婦女形象，形成了獨特的「梅派」表演藝術。他曾在抗日時期，蓄鬚抗敵，不為日本人唱戲。	近現代

優伶的祖師

——優孟

　　中國最早的職業演員大約產生於西周末年，那時稱其為「優」。這些「優」是貴族的家養奴隸，善歌舞，會模仿別人的語言和動作，專供貴族聲色之娛。優孟就是春秋楚國國主的「優」。

　　優孟不但精通歌舞，善於模仿，而且聰明伶俐富有正義感，經常在楚王做了錯事，別的朝臣苦諫無效的情況下，以說講笑話的方式讓楚王在哈哈大笑中領會他的良苦用心，接受他的諍言。

　　優孟的笑話總是有著意想不到的效果。當時楚國有個人叫孫叔敖，智勇雙全，據說小時候曾打死一條兩頭蛇，後來做了楚國的丞相，受到楚王的重用。他當政期間對優孟很好，後來，孫叔敖死了，他的兒子卻貧困潦倒，每天只能靠打柴維持生活。一次，他背著柴禾在路上遇到優孟說：「我是孫叔敖的兒子。父親臨死囑咐我生活窘迫時就來見您。」優孟見此情景，很是難過，告訴他不要走遠。

　　回到家裡，優孟便命人做了一套跟孫叔敖生前穿的一模一樣的衣服，穿戴起來，又修飾一番，然後練習模仿孫叔敖的音容笑貌。之後優

宋國河北郡太夫人宋氏出行圖　莫高窟壁畫

畫面是行進中的樂舞雜技表演。隊伍最前列為雜要表演，中間四名舞女身著花衣，相對起舞，長袖飄動，姿態優美。樂隊十幾人所持樂器有拍板、腹鼓、雞婁鼓、笙、橫笛、簫、琵琶等。樂隊面對舞者演奏，舞者合樂而踏，樂與舞相融無間。

優伶的得名

　　所謂優伶就是「優」和「伶」的合稱。在中國古代，優伶就是指那些以演奏樂器、跳舞、唱歌、雜技以及戲曲表演等作為自己職業的人。「優」原指調笑戲弄以逗樂的行為，後來將那些專門從事此種行為的人都叫「優」，而「伶」是由傳說中一個黃帝時代專門掌管宮中演奏，名叫伶倫的官員而得名。

　　孟又在孫叔敖兒子的配合之下演習了一年多的時間。最後優孟把孫叔敖模仿得活靈活現，就連孫叔敖生前的親朋故友也分辨不出來了。

　　有一次，楚王大宴賓客，打扮成孫叔敖的優孟上前為楚王敬酒。楚王大驚，以為孫叔敖死而復活。經眾人提醒，楚王才反應過來，繼而懷念起逝去的孫叔敖來，便想請優孟做楚國的丞相。優孟不慌不忙地說：「我得回去和妻子商量商量，三天後再給你答覆。」楚王也不便勉強。

　　三天很快就過去了，楚王召見優孟，一見面就著急地問：「你妻子怎麼說的？」優孟說：「我妻子不以為然。她說楚國的丞相不做也罷。以前的丞相孫叔敖廉潔奉公，幫助楚王稱霸中原。現在他死了，他的兒子卻窮得無以為繼，靠打柴度日。如果你做了丞相還像孫叔敖那樣，倒不如現在活得自在。」楚王聽完優孟的一席話，慚愧得無地自容。他謝過優孟，馬上召見孫叔敖的兒子，見他果然衣不蔽體，面有菜色，於是把寢丘周圍四百戶的地方封給了他，名義上算作供孫叔敖祭祀用。從此以後，孫叔敖的後代子孫一直世襲這項優厚的待遇。

　　優孟雖然作為一名優伶，地位卑微，但不失正直之心，不乏正義之舉，受到後人的尊重與好評。不僅如此，他的演技也非常出色，尤其是善於模仿。後世人習慣上稱善於模仿的人為優孟，有時也把演員稱為「優孟」。

悲喜人生勾欄月
——優伶的產生與發展

優伶產生和發展的歷程，其實就是中國古代戲曲產生和發展的歷程。它從先秦優伶的滑稽戲脫胎而來，經過漢魏六朝的故事劇、唐朝的參軍戲、宋代的南戲、元朝的雜劇、明清的傳奇等發展階段，逐漸走向成熟。

先秦的優伶主要在貴族們飲宴時歌舞助興，有時模仿一些人的言談舉止，以博得在場人士開懷一笑。最早的優伶是春秋楚國的優孟、晉國的優施，以及戰國時趙國的優莫。早期的優伶樂舞機構在商代出現，當時稱為「瞽宗」。在那裡有專職的樂舞人員實施樂舞管理、傳授樂舞。

漢代的優伶機構稱為樂府，專門負責收集民間樂曲，從事撰寫歌詞、演出樂舞的工作。其突出的特點是雇用一些文人墨客，專門編寫故事劇本，供優伶們在宮廷、貴族需要的時候演出。

唐代的參軍戲是優伶歌舞的一種表演形式。「參軍」，顯而易見是一個官名。傳說後趙的一位參軍周延，在任期間因盜竊宮中黃絹被繩之以法。趙高祖為以儆效尤，令優伶們在宴會上表演此事：飾演周延的演員一身黃絹衣，另外一個優伶問：「為何混跡於吾輩中？」「周延」就提著身上的絹衣說：「我本參軍，只因這……只好來此了。」演到這裡，君臣哄堂大笑。久而久之，人們就將這種滑稽戲稱為「參軍戲」。唐代演參軍戲的名角很多，如黃幡綽、李仙鶴等還因此受到皇帝的寵愛。

南戲，北宋時期產生於浙江溫州一帶，因此又稱作「永嘉雜劇」。初期的南戲劇情很簡單，只需要三四個演員，多用小曲演唱。當它被城鎮居民接受之後逐漸發展，結構也複雜起來。有的南戲長度可達五十多齣，短的

參軍戲俑

參軍戲由優伶演變而成，其內容以滑稽調笑為主，一般是兩個角色，被戲弄者名參軍，戲弄者叫蒼鶻。至晚唐，參軍戲發展為多人演出，戲劇情節也比較複雜，除男角色外，還有女角色出場。參軍戲對宋金雜劇的形成有著直接影響。

也不下二三十齣。第一齣往往只介紹劇情大意，正戲要在第二齣開始。其曲調以南曲為主，有時也吸收某些北曲腔調。南戲的角色主要是生、旦、淨、末、丑、外、貼等七種，演唱的形式既有獨唱、接唱，又有合唱，非常靈活。

雜劇是元代北方地區一種兼有歌舞、對白而且能表演故事的短劇。每本四折，表演一個完整的故事。有個別故事情節過於複雜，就加上一個小小的「楔子」。在這四折戲中，演員要用不同的宮調演唱。其中的男主角叫正末，女的稱正旦，配角有外末、沖末、外旦、淨、搽旦等。

明清的傳奇起源於唐代的傳奇文學。當時專指情節奇特怪異、曲折動人的短篇小說。明清的傳奇指的則是取材於唐代傳奇小說，在南戲基礎上發展起來的長篇戲曲。傳奇在演出時也要分很多齣，每齣還要加上劇名，有的時候還採用南北曲合套的形式。除此之外，清代還出現了上百種的地方戲。其中著名的有昆曲、餘姚腔、海鹽腔、弋陽腔、亂彈腔、秦腔、楚腔、三簧腔、柳子腔、灘簧、弦索腔等，各種地方唱腔可謂百花齊放、百家爭鳴。

回顧我國戲曲產生、發展的歷史，也就等於回顧了優伶走過的歷程。優伶（後來稱戲曲演員）從最初專供統治階級玩樂的工具，逐漸下移，成為一般民眾娛樂身心的藝術表演者，而這也體現了歷史的進步。

宋雜劇《眼藥酸》演出圖　絹畫

高23.8公分，寬24.5公分。圖中右一人為諢角，背插一扇中裂為二，上書一「諢」字，左手持一杖，右手指著眼睛。左一人為賣眼藥者，渾身懸滿眼睛招幌，頭戴黑帽，掛黑色長袋。圖右放一伴奏用的扁鼓。按其內容，此應為雜劇中的「艷段」。

梨園行的興起
——優伶樂舞機構

　　今天人們把戲曲界稱為「梨園行」，那麼「梨園」的稱謂是怎麼來的呢？最初的梨園是唐朝中期出現的優伶樂舞機構，它的創始人是著名的風流天子唐玄宗李隆基。後來人們逐漸把這一行稱為梨園行。

　　最初的「梨園」建址在唐朝的國都長安光華門外的禁苑，其功能主要是訓練、調教器樂演奏、歌舞表演人員。由於唐玄宗對歌舞的癡迷，唐代的梨園有三個。有宮廷梨園，其中有三百男藝人，女藝人多達數百；另外還有男藝員的專門教習地——長安西北禁苑中的「梨園」；女藝員的專門教習地——宜春北院。梨園中的受訓人員稱為梨園子弟，而這些宮廷梨園中，御用梨園子弟演奏技藝很高，有時還得到玄宗皇帝的親自指點，人稱「皇帝梨園子弟」。他們中有許多人深得玄宗皇帝的寵愛。

　　從梨園子弟的來源上講，男藝人大多是從大樂署中挑選出來的，女藝人有的是從宮女中挑選出來，這些優伶在當時被稱為「音聲人」。宮廷梨園的教習非常嚴格，不僅音聲人受到定期考核，決定其晉升和去留；而且教習音聲人的樂師每年也要受到評審，還被分為上、中、下三等。據說音聲人每三年考一次，三年之內要學會難度較高的曲子五十支以上才能過關。教習音聲人的樂師有許多著名學者、詩人、藝術家，如李白、李龜年、張野狐、黃幡綽等。

　　除了上述宮中直屬的「梨園」，唐代官方還有另外兩個優伶機構：歸屬長安太常寺管轄的「梨園別教院」和屬於洛陽太常寺管轄的「梨園新院」。這些梨園子弟大多來自民間，藝術水準一般要低於宮中梨園。他們來此之後專攻樂舞，其中的出類拔萃者有時被選入宮廷梨園。

　　唐代梨園之盛還體現在「家班梨園」的興起，當時的家樂非常興盛，幾乎所有富貴人家都有家班梨園供自己娛樂。狹義上的家班梨園

是指由職業優伶組成的家班，廣義上的家班梨園還包括以女性童伎為主的家班女樂和以男性童伎為主的家班優童。古代的官僚、士大夫、富商巨賈講求聲色犬馬之娛，而家班女樂正好滿足了這種需求，其次才是優童和家班梨園。

　　無論是宮廷梨園、官方梨園，還是家班梨園，其歌舞藝人都需要專門的培養，於是職業優伶團體應運而生。這些職業的優伶團體有的是以家庭組成的，如周季南、周季崇及妻子劉采春組成的戲班就很有名氣。他們的拿手曲目是《陸參軍》和《望夫曲》。儘管這些民間的職業優伶團體有絕活，但畢竟涉獵面較窄，因此對於優伶的培養也比較單一。一個多才多藝的優伶的養成有時需要多個老師的指點，然後才有機會進入官方或者宮廷梨園。

　　總之，梨園行在唐代得以全面興起，是由於此時期的歌舞藝人不僅數量龐大，而且技藝水準也相當高。為時人稱道的有李龜年、許和子的歌唱，裴興奴、賀懷智的琵琶，張野狐的箜篌等。

富連成的學生正在練功排戲

1904年成立的「喜連成」，1912年更名「富連成」，是北京最權威的京劇職業學校（科班）。入學之初，學生都要接受教師賜予的藝名。第一期的學生的藝名中都有一個「喜」字，以後各期學生藝名中相同的字依次是「連、富、盛、世、元、韻」。

十年如一日勤練基本功

——戲班的日常管理和訓練

　　戲班有大有小，其日常管理的內容也因師傅的不同而各異，但他們的共同之處，毋庸置疑的就是——極端的嚴格，甚至於殘酷。人們在舞臺看到的精湛表演，無不是通過殘酷的管理、訓練換來的。

　　戲班的一天是從第一次雞鳴開始的。只要雄雞叫過頭一遍，師傅們肯定要把幼小的戲童叫醒。與其說叫起來不如乾脆就說是打起來，因為這些孩子只有十來歲，正是貪睡的年齡，哪能這麼早就起床。師傅們很會對付這種情況，一根皮鞭或者棍棒肯定管用。如上海著名的滬劇演員張老闆收了十多個八九歲的徒弟，每天早晨五更天，他用皮鞭和棗木棍叫醒徒弟們，往往哭成一片。然後叫他們以頭頂地，兩腿劈開，一字排列，這個過程至少要持續幾十分鐘。練完功以後才准他們吃飯，吃飯的時候還不能吃飽，他認為吃飽了容易使人發胖，影響日後練功和表演。

　　戲班的訓練一般從早晨持續到晚上掌燈時分，中間扣除短暫的午飯時間，休息是不可能的。除非有的孩子堅持不下來虛脫了，師傅

戲劇中的特技表演

從左到右為：帽翅功、髯口功、翎子功。

們同意讓他暫時喝一點紅糖水，休息一會兒。即便如此，耽誤的這點時間後面也要補上。

如此艱苦的訓練是不間斷的，他們不知節慶假日為何物，只知道「冬練三九，夏練三伏」。著名平劇演員新鳳霞回憶早年跟表姐學藝的情景時，動容地說：「寒風凜冽的冬天，姐姐說：『脫下棉襖來！』我趕緊脫下棉襖，姐姐推開房門，向院子裡潑了一盆水，立即結成冰。姐姐說：『小鳳快跑圓場。』我穿著單衣，猛地出了屋在冰面上跑

圓場，跑得滿身發熱，手指凍得紫紅，姐姐不叫停不敢進屋。夏天三伏天，姐姐要看我的功，讓我在院裡練，在太陽底下還要加上兩件衣裳。」從這位藝術家的辛酸經歷，不難看出戲班管理的嚴格和訓練的艱苦。

就是此等的辛苦，如果最後能有成就也算是萬幸。可是有許多戲童小小年紀受盡折磨和虐待，到後來仍然學無所成，甚至被折磨致殘或致死。據說，20世紀30年代河南開封相國寺附近有一個李姓說書藝人，擅長演說黃天霸，演出時場場爆滿。後來他收了一個徒弟，徒弟除了刻苦學藝之外，還得給師傅捶腿揉背，端尿盆，燒大煙，有的時候終夜不得停歇。即便如此，師傅對他還是非打即罵，有的時候還一兩天不讓他吃飯。結果這個可憐的弟子還沒有出師就吐血而死了。

可以說，戲班的管理和訓練是極其野蠻的，戲童們就是在這樣的環境中學習、成長，最後獻身藝術。而在很長一段時間裡，藝人們的社會地位是很卑微的。

正在排練的年輕演員

攝於二十世紀三、四十年代。這兩位年輕的演員正在一座花園裡排練。其間作旦角打扮的男演員，為了熟練掌握女性的唱腔，需要經過大量的訓練和實踐。而生角演員也必須認真刻苦訓練所有的基本功，如髯口功、扇子功等。

優伶的角色

—— 生旦淨末丑

角色，就是根據舞臺上演員飾演的劇中人物身分特點及其表演風格的差異，對演員的一種定位與分工。究其根源，有多種說法，有人認為所謂的生、旦、淨、末、丑等角色名稱是劇中人物身分的簡稱。

古往今來，優伶的角色有很多種。按照前面提到的說法，角色的命名考慮到優伶們文化素質偏低，因此都儘量採用一些字形簡單的字作為角色的名稱，以防止因字體複雜而被誤寫。有時甚至把原來的字抽掉一些筆劃，將其變成簡化字使用。如「生」角，據說就是生員的簡稱；旦角，指的是小姐，從字形上講，「姐」字去掉「女」旁剩下一個「且」字，然後把「且」字的下部斷開，就成了「旦」字。淨角，其含義更為簡潔明瞭，即登臺之前要上彩塗面，上彩之前當然要先洗淨臉刮淨鬍鬚，整個過程就用一個「淨」字表達；同樣，「末」角就是指末將；「副」角指的就是副帥。

民間還有一種關於「角色」來源的說法，認為其出於古代的角伎，他們以技藝決勝負並以此作為優劣的標準。後來就把優伶等以色、

清代淨角扮像

「淨」俗稱花臉，用各種色彩勾勒圖案化的臉譜，表現性格粗獷、奇偉、豪邁的人物。圖中為劇中人物姜維，他的赤臉表其忠誠，額上「太極」圖則突出其道家氣質。

清代花旦扮像

「旦」是女性角色的統稱，一般化妝以略施脂粉美化為主，為「俊扮」化妝千人一面，主要靠著服裝、道具等方面來表現。

清代武丑扮像

「丑」俗稱小花臉或三花臉，是劇中的喜劇角色。在鼻樑眼窩勾畫臉譜，在表演上不重唱工，重念白。「丑」分為「文丑」與「武丑」兩大類。

清代小生扮像

「生」為劇中男主角。化妝以「俊扮」美化為主，其性格由動作、神態來展現。此圖中小生身著雲龍紅帔，腰繫玉帶，頭戴龍冠，為太子扮像。

清代優伶行的行規

1.自尊自愛，言談舉止大方得體，穿著整潔利索；

2.化完妝後，各就各位，不許喧嘩，禁止吸煙；

3.不論冬夏，旦角須注意形象，不准衣冠不整，坐姿不正；

4.藝人嚴禁吸鴉片和賭博；

5.藝人內要互相提攜，以老帶新；

6.擇人交友，不准參與打架，不准與惡棍歹徒交往；

7.十月封箱後，藝人回鄉要步行進村，不得乘車或騎馬。

藝為職業的人一併稱為「角色」，還將其分出了許多類別，於是才有了「梨園十二角色」的說法。

在一部戲中，男主角通常為正末，女主角則為正旦；副末開場為領班，外旦、搭旦等為女配角。發展到後來，戲中的角色越來越多，大致上分為九類，分別為生、旦、淨、末、丑、貼、副、外、雜。有時候，戲中的角色與自身的名稱不符；如「生」，從字面上看應該是青年才俊，而舞臺上出現的卻多為留著大鬍鬚、行動遲緩的老人；而「淨」角身上的衣服許多時候大汙不潔，根本談不上淨；更有意思的是「丑」角，他多在夜晚活動，早晨睡覺，而「丑」時卻是指黎明將曉，子夜剛過的那一段時間。而且有時同一角色又分眾多的派別，如旦，就有青衣旦、頑笑旦、刀馬旦（騎馬弄刀的旦角）、粉旦等。

更為有趣的是，平時人們在舞臺上看到的竄蹦跳躍的小丑——丑角卻是一個極有身分的角色。他無論談笑、起坐都不受到格律的約束，表演非常自如，但很講求臺步技術，因此也最顯功力。不僅歷史上的名優優孟、曼倩（東方朔）演過丑角，而且唐玄宗、清高宗等天子在宮內自娛時也經常客串丑角。可見，丑角不是一般人能演的。與丑角相對的是那些搖旗吶喊、跟班助威的跑龍套，他們在戲中品格最低，但也不可或缺。

縱觀戲曲中生、旦、淨、末、丑等各種角色，各有千秋。雖然它們之間最終要分出高低主次，但若想演好一齣戲，必須有各個角色的密切配合，通力協作才可以。否則，極有可能被觀眾趕下舞臺。

窮奢極欲的生活與卑微的身分
—— 伶人的悲歡

梅蘭芳像

京劇、崑曲旦行表演藝
術家，塑造了許多婦女
形象，形成了獨特的「梅
派」表演藝術。

　　長期以來，優伶是一個被人鄙視的職業。古代的歌舞藝人遭受摧殘、蹂躪和歧視是司空見慣的事。但他們也在夾縫之中尋求一點點富貴安逸，以此為樂，而更多的時候他們所面對的只有悲哀。

　　優伶從來就是卑微的，職業本身不會給他們帶來任何歡樂，然而他們想盡一切辦法「獻媚邀寵」，以博得片刻的安樂。優伶邀寵的手法無非就是以藝或色，或藝色都用，雙管齊下。他們經常在帝王或權貴的身邊左右，有機會察言觀色，投其所好，進而用盡渾身解數，下足媚功。漢代的李延年就是這樣一個獻媚邀寵並且得寵的伶人。據司馬遷的《史記·佞幸列傳》記載，李延年是漢武帝時期一個身遭腐刑的樂師，入宮以後憑著自己的技藝博得漢武帝和後宮嬪妃們的歡心，受到武帝的寵愛，得到豐厚的賞賜。但他仍不滿足，於是就在為武帝歌舞助興的時候有意無意地描繪了自己妹妹的花容月貌。武帝龍顏大悅，馬上將其妹選入後宮，是為李夫人，也得到武帝的寵幸。自此，李延年更加得寵。

　　五代十國時期，有的優伶也過著窮奢極欲的生活。桑維翰在給天子的奏章《諫賜優伶無度疏》中說：「不久前國家出兵抵抗契丹入侵，受重傷的戰士每人所得到的優撫不過幾段布帛。現在供宮廷娛樂的優伶，在舞臺上一句臺詞、一個笑話出了彩，當場所受到的獎賞，便有成捆的絲綢，還有錦袍和銀帶。這些東西加起來值得上萬的金錢。」由此可見，當時的優伶確實受到了空前的優待。

　　儘管優伶們一時一地可以得到一些安樂甚至是富貴，但從總體上看來，他們的境遇還是極其淒慘的。首先從政治、文化的角度上講，優伶們被明令禁止參加科舉考試。元代的法令規定更為明確：「倡優之家，及患廢疾，若犯十惡、奸盜之人，不

許應試。」優伶被劃入有缺陷者甚至是身犯重罪的犯人之列，而取消考試資格。這在他們看來是多麼悲哀的事情。

其次是婚姻禁忌，說白了就是優伶只能跟優伶結婚。如果是哪個良家子弟膽敢娶優伶為妻，極有可能被趕出家門。即便有人實在願意與優伶結婚，也只能娶其作妾。優伶們實在沒有辦法，只能在內部婚配。元代的夏庭芝有一本《青樓集》，其中記述的都是元代著名的優伶，大致男優有三十多人，女優則有一百多人。這些人當中有許多都是夫妻、翁婿的關係。古代社會禁絕優伶與外部世界產生血緣關係，使之處於一種顯而易見的「隔離」狀態。可見，人們對他們的歧視是極嚴重的。

古代的優伶不僅不能參加科舉，不能與良家子弟結婚，而且在穿衣、從業方面也要受到嚴格的限制。歷代的封建政府對其一年四季的衣著有詳細的規定，如北宋時期的優伶只能是身穿黃服，頭戴牛耳襆頭。有的朝代還進一步規定，侍奉官員的優伶在其冠上還要縫上「官員祗候」的字樣作為標識。

《金瓶梅詞話》插圖

清初人繪。圖中廳堂裡，兩旁是飲酒看戲的賓客及垂簾看戲的女眷，中間兩人表演，右下方有樂隊伴奏，其中所用樂器有提琴、三弦、笙、笛、雲鑼等絲竹樂器。這些表演和演奏的人都是社會地位較低的優伶，多以娛樂他人為業。

自小獻身藝術的孩子
── 辛酸的優伶童

　　學戲的年齡越小越好，因為幼時的可塑性強，因此有句俗語叫做「八十歲學吹打」，用來比喻那些不是從小學習曲藝的人。然而小小年紀學習唱戲是非常艱苦的，挨打受氣是家常便飯，以至於業內人士管教戲叫做「打戲」。

　　古代梨園的弟子大多是戲班主花錢從貧困地區或鬧災荒的地方買來的，而且交易時戲班主都與孩子的父母訂立生死契約，言明若干年內孩子的生死存亡父母是不能夠過問的。從這一點就可想見孩子在未來的幾年內會有什麼遭遇。若不是出於萬般無奈，父母是不忍心把自己的骨肉賣入梨園的。據近代的《清稗類鈔》記載，當時京師的梨園班頭多在蘇、杭、皖、鄂地區買進五官端正、皮膚白皙的幼童回來加以調教。

　　這些被賣入梨園的孩子從進門的那一天起就開始接受嚴格的訓練。首先是練嗓子，無論冬夏，在每天太陽未出之時，孩童便來到空曠的地方，或是樹林邊，或是草地上，盡情發聲，氣出丹田沖喉直呼。之所以要氣出丹田，是因為丹田之音悠遠、深長、嘹亮，不似喉頭發聲短促、艱澀。這樣苦練數年，才會使自己的聲音渾圓、嘹亮、富有節奏感，登臺之後才能一鳴驚人。

　　伶童們如此辛苦地學戲，卻很少得到師傅們的讚許和獎賞。他們面對的永遠是一副冷冰冰的面孔和無休無止的懲罰，甚至是虐待。儘管戲童在學戲時萬分小心，決不敢有絲毫怠慢，但仍會出一些紕漏。這時必然要遭到師傅們嚴厲處罰，而且都是體罰或變相體罰（如餓飯）。晚清的天津時常會登載一些這樣的新聞：天津奧（奧匈帝國）租界的李興店內，北倉教戲的張林舫對一名不知名的戲童肆意凌辱、虐待，最後竟致其死亡云云。後面還要加上一些評論、呼籲的話，如「大

發慈悲而一一調查，設法拯救於水火之中」等。其實根本不會有人去管這類「閒事」，只不過是聽聽新聞，看看熱鬧罷了。

這樣屈辱、朝不保夕的生活，戲童一般要過七年。其間有特別出色的三年就可以登臺獻藝，稱之為「打炮」，但演出期間還要堅持訓練。如果是六年就學完所有技藝，叫做出師，據說大部分戲童都要學滿七年才能完成學業。因為除了練唱功之外，還有許多功課要做，如練武功。功夫又分為翻跟頭、蹲馬步、倒立等名目。翻跟頭又有虎跳、吊毛、搶背之說。據說虎跳是指兩手先後著地再側著身子翻；吊毛則是騰空翻，翻過以後脊背著地；搶背是手和頭都不著地，翻過去後肩膀著地。如此名目繁多的技能都要逐個過關，即在師傅的監督下，於規定的時間內（一般是數數，如從一數到一百）按要求做完所有的動作。

戲童們白天在室內念詞（對本讀劇），晚上睡覺前還要熟悉一遍，而且是天天如此，年年如此。儘管如此，有許多戲童還是學不好，於是要遭更多的罪，之後還可能被遺棄，永遠沒有登臺亮相的機會，只能在下面打雜，一生都沒有出頭之日。

古代戲館

—— 勾欄瓦肆

　　唐宋以前戲班演出時一般都在宮廷或者就在貴族家中,而沒有正式的專用戲館。唐宋以來,戲曲逐漸向民間發展,於是出現了戲場、樂棚、勾欄、瓦肆等專門的戲館。

　　唐代民間的戲場、歌場、樂棚等演出場所雖然比較固定,但就其設施的配置等方面而言,還只能算是戲館的雛形。而宋代的勾欄、瓦肆則可以稱為成熟的戲館。勾欄內由戲臺、後臺(當時稱之為戲房)、神樓、看席(當時叫做腰棚)等幾部分組成。勾欄在當時的名稱並不統一,有的以「棚」為名。宋代的勾欄一度興盛異常,孟元老的《東京夢華錄》上說:北宋京都開封「街南桑家瓦子,近北則中瓦、次里瓦,

鄉村廟台圖

土坡上有五聖祠一座,其對面有戲臺一座。磚石疊基,上以土木棚席為頂,應為臨時性的戲曲演出場所。前後臺分開,有上下場的幕簾,四周圍有紅色欄杆,臺上放一椅一帳。觀戲者可以在台下立看,也可去對面五聖祠臺階上觀看,這是典型的鄉村廟台。

其中大小勾欄五十餘座。內中
瓦子蓮花棚、牡丹棚，里瓦子
夜叉棚、象棚最大，可容數千
人」。真可謂盛況空前。

　　這些數量眾多、規模宏大
的勾欄內不只演戲，也表演各
種雜技和武術。勾欄內經常集
聚眾多雜技藝人，他們之間的
競爭也很激烈。一般是技高者
立足，技遜者走人，這就迫使
那些雜技藝人的技藝向更高的境界發展。那些被淘汰出局的技遜者
只能是被逼出京都，到別處謀生。《武林舊事》有關於這方面的記載：
「不入勾欄，只在耍鬧寬闊之處做場者，謂之『打野呵』，此又藝之次
者。」

露臺舞　敦煌壁畫

唐時，寺廟成為人們觀賞
遊藝的集中地點，在敦煌
壁畫裡可以見到許多設
在寺廟大殿前供表演歌
舞用的舞臺，四周圍有欄
杆，中間有臺階上下，這
應是戲曲的表演台。

　　南宋的都城臨安同樣不甘寂寞，在那裡有一種叫做瓦肆的演戲
場所，也是人山人海熱鬧非凡。據《西湖老人繁勝錄》記載：臨安有名
的瓦肆有清冷橋畔的南瓦、三元樓的中瓦、眾安橋的北瓦、三橋街的大
瓦等。其中的北瓦規模最大，內有勾欄十三座。《東京夢華錄》說那裡
「不以風雨寒暑，諸棚看人，日日如是」。儘管如此，仍然不能滿足人
們的需求，伶人們還要搭建露天戲臺加戲。《清明上河圖》中對這種
情景有所描繪。

　　古代的戲館中最富有特色的當屬蘇州的船上戲苑。演員們在船
頭上演戲，船中作為戲房，容納看戲的觀眾，船尾有時還備有一些酒
菜。如果戲演得不好，岸上的人就會朝船上拋擲石塊，優伶們必須停
戲；反之，如果戲演得太好，船艙中的觀眾越聚越多，優伶們害怕船
沉，又得罷演。

　　勾欄、瓦肆等固定的戲館自唐宋出現以來，大大地方便了底層民
眾娛樂，也給了藝人們展示才藝、鍛煉隊伍的機會，為我國古代的曲
藝事業做出了重要貢獻，同時也不斷地發展，最終演變為現代劇院。

曲韻無邊群英會

—— 歷代名伶

　　優伶在我國的歷史上出現很早，先秦時候就有許多關於優伶的故事。

　　如漢代劉向著的《新序‧刺奢第六》就記載了春秋時趙國優莫勸諫的故事：趙國國君趙襄子嗜酒成性，經常連續五晝夜狂飲，還自誇說：「寡人的身體是多麼的強健啊，連飲五晝夜居然安然無恙。」這時在其身邊助興的優莫乘機進言：「大王還需努力才是呀，我聽說商紂能連飲七晝夜呢。」趙襄子有所醒悟說：「你是說我也將會像商紂一樣亡國滅家嗎？」優莫卻笑著說：「大王多慮了，桀紂的滅亡是由於當時出現了湯武這樣的明君，而現在各國的君主都像桀紂一樣，您又有什麼憂愁呢？」至此，趙襄子恍然大悟，終於有所收斂。人們無不敬佩優莫的膽識和忠心。

　　漢代的趙飛燕和班婕妤也是優伶出身。班婕妤比趙飛燕更早得到漢成帝的寵幸，後來趙飛燕多次在皇帝面前說她的壞話，迫使班婕妤到長信宮中侍奉太后，消磨青春。從此，趙飛燕憑藉自己的花容月貌和美妙絕倫的舞技獨得成帝的寵愛。

　　唐代有名優黃幡綽，雖然技藝高超，卻屢屢遭到唐玄宗的戲弄。有一次，玄宗在荷花池邊飲宴，忽然命左右將黃幡綽投入池中，還讓他鑽入水底。他不敢不從，在水底憋了好一會兒，才浮出水面，然後對著玄宗說的頭一句話就是：「方才臣在水中見到屈原，他笑臣遇到明君為何還要來此。」玄宗皇帝聽罷哈哈大笑，令人扶起幡綽。

　　宋元時期的嚴蕊是一個很有骨氣的女優。她博古通今，多才多藝，與當時的台州太守唐與正過往甚密。而唐與正與著名的理學家朱熹有隔閡，朱熹當時擔任提舉官，想借機將唐與正整治一番。他選准了嚴蕊這個突破口，令人把她打入大牢，嚴刑拷問，讓她檢舉揭發唐與正的罪行。出乎意料的是，卑微纖弱的女優竟然堅如磐石，被折磨得奄奄一息，卻沒有一句供詞。

　　明清時期的優伶逐漸走向衰落，一些名優都想脫離伶界。清代的名伶楊法齡在一個偶然的機會脫離伶界，回到家鄉，再也不教授弟子。周圍的許多人都替他感到惋惜，認為他身懷絕藝不能傳於後世太可惜了。他自己卻涕淚齊下地說：「吾備嘗種種苦趣，受到許多的壓抑和痛苦，幸得脫離了伶界。彼呱呱小兒女何辜，怎忍心再把他們推入火坑呢？」一席話道出了千百年來伶人內心的苦痛，聞之者無不動容。

　　近現代以後，伶人的身分與地位發生了劇烈的變化。演藝圈中出現了一系列的明星，如夏佩珍、阮玲玉、王瑩、周璇等，都獲得了相當高的知名度，不但得到人們的尊重，而且被許多人追捧。

《同光十三絕》畫像（摹本）

清代沈容圃為光緒年間北京畫師，繪清同治、光緒年間北京昆曲、京劇著名演員13人劇裝寫真圖，全畫長達丈餘。面目鬚眉，各具神情，色澤妍雅，栩栩如生。自左向右：郝蘭田、張勝奎、梅巧玲、劉趕三、余紫雲、程長庚、徐小香、時小福、楊鳴玉、盧勝奎、朱蓮芬、譚鑫培、楊月樓。它記錄了同、光時期京劇舞臺演出的一些實況，為研究京劇史的珍貴資料。

優伶

卷十二 絕對反叛的惡之花

「流氓」一詞由來已久，但其內涵從古至今發生了很大的變化。古代，「流」、「氓」並用的時候很少，大多數是單用。所謂的「流」是指逃亡、逃逸、漂浮不定。「流」和「游」有時相同。「氓」也不同於現在的「氓」，發音都不相同，古代的「氓」字發音同「萌」，意思也相去甚遠。

歷代流氓代表人物及其事蹟

代表人物	主　要　事　蹟	活動時期
劉　邦	漢高祖。未發跡之前慣於欺詐和偷竊。做亭長之時，假公濟私，從公庫中拿錢糧。貪財好美姬。	漢代
周　處	自小為孤兒，臂力過人，喜好騎射，但品行惡劣，橫行鄉里。鄉民很討厭他。後來悔悟，重新做人。	魏晉南北朝
李　績	唐時大將軍。少時為市井無賴，逢人便殺，20歲參軍成為大將。	唐
朱　溫	梁太祖。少時為流氓，掌政後惡習不改。姦淫忠臣大將妻女，為世人所不齒。	五代
高　俅	原為汴梁破落人家的浮浪子弟，不務正業。後來發跡，成為殿帥府太尉。	宋元
杜月笙	崛起市井，以販煙設賭發跡，毀譽參半。	近代

從遷徙之徒到現代意義上的流氓

──流氓的含義

「流氓」一詞由來已久，但其內涵從古至今發生了很大的變化。

古代，「流」、「氓」並用的時候很少，大多數是單用。所謂的「流」是指逃亡、逃逸、漂浮不定。「流」和「游」有時相同。「氓」也不同於現在的「氓」，發音都不相同，古代的「氓」字發音同「萌」，意思也相去甚遠。古代，所謂的「氓」專指「流亡之人」。如《詩·衛風·氓》中的「氓之蚩蚩，抱布貿絲」之語中的「氓」字，很明顯是指流動做生意的人。再如《戰國策·秦》中的「彼固亡國之形已現也，而不憂民之氓」之語的注釋曰：「野民曰氓。」所謂的野民，就是居無定所、四處游走的老百姓。

另外，在古代「氓」字還有一種解釋就是「氓黎」，即百姓。如《文選》中南朝梁代的劉孝標《辯命論》說：「與三皇爭其氓黎，五帝角其疆域。」其中的「爭其氓黎」就是說相互爭奪老百姓的意思。有的時候也有「氓隸」之說，「氓」、「隸」並用，則指平民中被人役使充當奴隸的人，而「氓」在這裡還是平民的意思。漢初的賈誼在《新書·過秦》一書中評價陳勝時說：「然陳涉甕牖繩樞之子，氓隸之人，而遷徙之徒也。」可見，他所說的「氓隸」就是遷徙的平民。「氓」仍然是平民、老百姓的意思。

那麼，「流」與「氓」連起來說，也就是流動、游走的平民，即「遊民」。而那時又是怎樣定位「遊民」的呢？《禮記·王制》中有這樣一句話：「無曠土，無遊民，食節事時，民咸安其居。」從上下文分析，他們對「遊民」的理解與我們相差不遠。不過，隨著歷史的發展與變遷，「遊民」一詞的含義也在悄悄地轉變，後來逐步用以指代除士、農、工、商等四類之外的人。到了戰國末期，隨著商鞅等改革家普遍施行重農抑商政策，許多政治家、思想家開始以農為本去分析、考慮某人、

某個人群是否屬於遊民。如商鞅在強調農本的重要作用時就說：「夫農者寡，而遊食者眾⋯⋯。」他把「農」和「遊食者」作為對立面。若是按商鞅的邏輯，不務農事的人就是流氓。

這些的理解都與現代意義上的流氓相去甚遠。那是不是說在那個時候就沒有現代意義上的流氓了呢？顯然不是，那時對現代意義上的流氓有三種稱謂：一是「惰民」、「罷民」、「閒民」、「謫民」、「輕民」、「浮萌」，這些人較「流氓」的程度弱，仍保留著「遊民」的意味；二是「游俠」與「游士」，他們是儒家和墨家中墮落了的人，「流氓」的成分大多了；三是「賴子」、「惡少」，這些就是百分之百的「流氓」，基本上可以稱為現代流氓的祖師爺。

單從「流氓」這個詞的含義上看，從古至今發生了很大的變化，而流氓性質的人和行為，古今都有，差別不是很顯著。

北京城百姓搶當鋪

楊柳青年畫。清朝光緒二十六年（1900年），八國聯軍攻進北京，清帝及慈禧太后西逃，城中大亂。眾多的貧民因國破兵亂，無處謀生，不得不鋌而走險。圖中描繪了當時群眾激動地向地高利剝削的當鋪搶奪財物的情景。

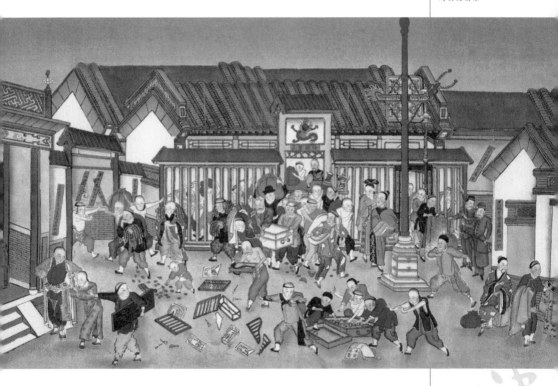

打光棍游食之徒

—— 流氓的類型

　　流氓古已有之，從先秦時期的「賴子」、「惡少」，到明清之際的「光棍」、「青手」、「打行」、「訟棍」、「幫閒」、「神棍」等諸多名稱，其類型也不斷增加。下面以明清時期的流氓類型加以介紹。

　　光棍，本意是指沒有妻室的單身漢，後泛指以敲詐為生的流氓無賴。近代的齊如山在《北京土語》一書中對該語的解釋是：因窮而耍不值，強索人錢財，占人便宜者，稱之為「光棍」。光棍遊手好閒，無所事事，整日出入於市井、青樓妓院之中。這些人滋生是非，擾亂社會秩序。古代官方有時將流氓統稱為光棍，如明代的史籍就把流氓稱為「打光棍游食之徒」，或叫做「打光棍浪子」。光棍一般都是惡習纏身，如嗜酒，耍酒瘋，賭博敲詐，有機會還偷竊，搶劫，甚至凌辱、姦淫婦女。

　　青手與打行是比較專業的流氓。所謂的青手就是打手，而打手的組織就叫做打行。這種流氓在明朝中期以後的江南地區較為多見。他們有的是由於人口激增，農村的剩餘勞動力到城鎮無所事事形成的。迫於生計，這些青手往往聚在一起，專門為別人報私仇，逼討債務。有時也成群結黨，以強凌弱，故意找碴兒與人發生爭執或口角，然後就動手打人，搶奪財物。

　　訟棍，專指那些流氓習氣嚴重的訟師，有的時候也叫做「訟鬼」，其行徑之惡劣從稱謂上可見一斑。他們專門等別人吃官司，然後就出入公堂，為買通者作偽證，顛倒黑白，從中漁利。據說，浙江有一個不肖子將老爹的牙齒打落，被告到了公堂。兒子害怕真相大白，雇請訟棍從中作梗。訟棍卻趁他不注意，咬掉其右耳，讓他在堂上誣告其父咬斷耳朵時崩掉了牙齒，縣官不明是非，竟然照此說斷案。訟棍在一旁竊喜，拿錢走人了事。

　　幫閒，其實就是閒漢，他們不務正業，滿街亂串，散布一些花柳逸

聞，討幾個賞錢。《金瓶梅》中的一闋詞對這一人群描寫得淋漓盡致：善棍和神棍，指那些披著行善的外衣，打著宗教的旗號，進行流氓活動的無賴之徒。善棍以興辦慈善事業為名，在街市上租賃一間屋，掛上「某某善堂」的牌匾，然後四處募捐。如果有人問及錢款的去向，他們就胡謅什麼放賑、辦學、養老、育嬰等，蒙混過去，其實市民們捐助的款項全被這些人中飽私囊。神棍，則創立某某會，「教勸人修身煉功行圓滿，即可白日升天」，說服他人拿出若干財物，到某某地方進香，最後達到騙錢害人的目的。

古往今來的流氓，形形色色，但都為達到其吃喝嫖賭、坑蒙拐騙等罪惡目的無所不用其極。

《琵琶記‧拐兒》崑曲戲畫

清代胡錫桂繪。劇演兩個拐兒定計到蔡伯喈狀元府上行騙，假作陳留郡鄉親，伯喈信以為真，修家書一封，寄紋銀三百兩，托拐兒捎帶書銀，結果受騙。這兩個拐兒坑蒙拐騙，是十足的流氓。

披著羊皮的狼

——流氓的不同身分

　　流氓作為社會一員，就有一定的社會角色——身分。形形色色的流氓有著不同的身分，這些身分往往成為其作惡的遮羞布。

　　為數眾多的流氓是以無業遊民的身分出現的。他們根本沒有職業，一味靠坑蒙拐騙度日。他們出入賭場，遊走於市井之間，尋釁滋事，打架鬥毆，甚至尋花問柳，無惡不作。比如天津的「混混兒」和上海的「白相人」就屬於這一類。混混兒們常常以賭局、抄手拿傭、吃妓館、把持糧棧、開腳行等手段斂取錢財，維持生計。白相人的花樣也不少，他們講斤頭（藉口敲詐）、裝準頭（設計訛詐）、吃講茶（請黑道幫忙談判）、放三四（放高利貸），到處招搖撞騙，害人甚深。

　　有一些流氓表面上有一定的身分，如江湖郎中、訟師、慈善事業發起人、神職人員、賭場老闆、官紳等。不過這些身分只是徒有其名，無論裝扮得如何冠冕堂皇，歸根究底他們還是靠流氓手段過活。一些江湖郎中本身就是流氓，他們打著給人治病的幌子，走街串巷，遇到老弱婦孺能欺就欺，能騙就騙，看到富貴之家防備不嚴，就夥同其狐

《巨棍成擒》

選自《點石齋畫報》。講的是：上海虹口地區有名的流氓張桂卿，為流氓頭目，作惡多端，積案達三十多起。後經巡捕房同英、美偵探查到他的巢穴，將其抓獲。

侮辱和尚的流氓

英國版畫。1850年，一群
狂飲放縱的英國殖民者
到一間佛寺院裡發酒瘋。
他們捉住過路的和尚，往
他頭上按手印，其他人嚇
得逃走。他們的流氓行徑
讓人髮指。

群狗黨偷竊甚至搶劫。而冒充慈善事業發起人和神職人員的流氓更
可惡，他們利用人們的惻隱之心和對神靈的崇拜心理，趁機行騙。而
有的流氓自稱是賭場老闆，假意開設賭場，實則詐騙賭徒的錢財。更
有甚者冒充官紳，專一矇騙那些不諳世事的人，無中生有地說自己如
何神通廣大，只需一定數額的銀錢就可以將某事擺平，待當事人將錢
交到手上時，便逃之夭夭，蹤跡皆無。

　　古代社會中還有一群特殊的流氓，就是衙內。衙內，在舊小說中
經常見到，如《水滸傳》中的高衙內。從其身分上講，衙內屬於紈褲子
弟，多是權豪勢宦的子弟，有的還有一定的官職。《元曲》對這類人的
描述非常貼切：「花花太歲為第一，浪子喪門世無對。」另外，一些地
方官員也是另一種有權勢的流氓。他們自身就是在職的官員，非但不
為民做主，還幹盡了欺壓平民百姓的事。元朝的浙江鹽政范某就網羅
一批地痞無賴，盡情霸占百姓家的良田。如果不得手，就「妄訟以羅
織之，無不蕩破家業者」。有一次，他想將村民王十四的水田據為己
有，結果遭到王十四的強烈抵制。范某一怒之下，就誣陷王十四，令其
在牢獄之中待了十年之久。最終王十四家破人亡，他的田地盡數歸了
范某。

　　總之，無論流氓有沒有正式的身分，或是以什麼樣的身分出現，
都不能掩蓋其惡劣的本質。

欺詐、搶劫與打架鬥毆
——流氓慣用的手段

　　流氓都是一些好吃懶做，遊手好閒之徒。但他們也要生活，於是就使用一些卑鄙、下作的手段達到其斂財、縱欲的目的。儘管其具體的作案手法有所不同，但歸納起來大致有欺騙、敲詐、搶劫、鬥毆等四大類。

　　欺騙，是流氓慣用的伎倆。他們根據選定的目標，投其所好，設下圈套，然後千方百計誘其上鉤。在封建社會，人們畏官如虎，流氓們抓住人們的這一心理，就冒充官員騙取錢財。宋代，趙假熹本是一個市井無賴，竟自稱是知府趙善菜的長子，並私刻公章，肆無忌憚地向商人們要錢，稍有不順就占據其鋪面，甚至將其暴打，還威脅要送有司問罪。直到最後被捕，追究趙善菜的責任，真相才大白。

　　敲詐，古時又稱為「拆梢」，其實就是「敲竹槓」。據說，宋元時代就流行一種叫做「美人局」的敲詐術。有的流氓用青樓女子，有的乾

惡霸強搶民女

淡水彩畫。此畫描繪的是北京老天橋的市井流氓在光天化日下強搶良家婦女的情形。這反映了流氓惡霸作惡的一貫作法。

脆用自己的妻子誘惑好色之徒。具體做法就是讓女人賣弄風情挑逗那些好色之徒，正當他們在約定的地方行「好事」之時，女人的「丈夫」突然出現。「丈夫」裝作很氣惱，卻專等色狼說出「私了」二字，然後順坡下驢，敲他一筆錢財。類似的行騙手法還有開設賭局、冒充官員等。方法大同小異，敲完錢就了事。

詐術日新

搶劫，是古今中外的流氓常用的手段。搶劫是惡劣的犯罪行為，但流氓們視之如兒戲。他們在光天化日之下，擄掠人、財、物，簡直是罪大惡極。有的流氓以掠奪人口為主業，並且無恥地稱之為「販生口」生意。他們把掠奪來的人口，集中到一起，先像牲口一樣圈養，待湊齊相當的數量，再轉手賣給富貴人家做奴僕，有時賣給求嗣人家。這種搶掠人口然後販賣的犯罪活動，在大災之年尤其猖獗。這些人販子流氓確實是社會的一大毒瘤。

打架鬥毆，可以說是流氓的家常便飯，古今的流氓都熱衷此道。流氓們毫無仁義道德之言，一句話得罪了，伸手就打。再就是其他的流氓手段，如欺騙、敲詐等不奏效時，就以武力解決。有的流氓乾脆就當起了職業打手，這些打手有時被豪強、地主集中豢養，以便在關鍵時刻充當爪牙。據杭州的地方誌記載，1725年，杭州的土棍（流氓）董御天因拖欠麵賬與倉橋麵鋪的掌櫃發生了口角，於是就糾集了大批的地痞流氓砸了該鋪面。其他鋪主前來解勸，也遭到了同樣的厄運，董御天連續砸了倪四、王長善、徐雲鄉等麵鋪。另外，流氓集團之間在發生了利益衝突以後，也往往發生群毆、械鬥的事件。

以上列舉的流氓手段只是從大的方面加以概括得來的。其實在具體生活中，流氓、地痞、無賴的手段是多種多樣的，而且每一種手段都有不同的表現形式，或者是幾種手段交織在一起，令人防不勝防。

混世魔王的生存方式
——各時期的流氓行為

　　縱觀古今的流氓行為，其性質雖大同小異，但其具體表現形式，每個時期都有自己的「代表」。

　　秦漢時期的流氓未有出「屠中少年」之右者，這種流氓是十足的潑皮無賴，他們放刁撒潑、強奪硬取、卑鄙無恥、心狠手辣。《史記・淮陰侯列傳》中的屠中少年便是一個典型。韓信在發跡之前，很是平淡無奇，甚至一般人都比不上，一度寄人籬下。但他為了明志，出入習慣佩帶一把寶劍。豈料有天碰到了屠中惡少，惡少在眾人面前攔住韓信說：你雖帶劍，然而不能掩飾你內心的怯懦。你若捨死，刺我；若懼死，則吾胯下過。韓信終究沒敢刺死他，最終從其胯下爬過。可見，這種屠中少年無聊到何種地步。

　　魏晉南北朝時期，是中國歷史上有名的亂世，也是流氓成長的最佳時期。南朝劉宋時（420－479年）的朱齡石「流氓」的出格。據說他從小酷愛武功，因此拳棒精熟，但品行惡劣，流氓成性。有一次，他到了舅舅家，舅舅勸導他。他卻莫名其妙地讓舅舅躺臥在客廳的一角，自己則從窗櫺上剪下一片一寸見方的紙，貼到枕頭上，然後自己站在數丈之外，用刀子投擲，竟能百發百中。舅舅連氣帶嚇，渾身直哆嗦，而他卻談笑自若，欣欣然。

　　隋唐也少不了流氓的蹤影。就在貞觀年間，荊州一帶有一個三人流氓集團，其中一人叫張玉，綽號花裡針，是個典型的鬥雞走狗之徒。另一個與之狼狽為奸的叫江采，渾名刺毛蟲，專門絮人火囤，調戲婦女。還有張玉的妻子周玉梅。三人朋比為奸，沆瀣一氣，經常在市井中弄風情，賣春藥，耍把戲。這還不算，三人關係曖昧複雜，經常一床做事，荒淫無度。

　　宋元時代的流氓更有無法無天者，不但混進府衙，魚

韓信像

韓信受秦漢時期流氓「屠中少年」胯下之辱的故事流傳至今。

大鬧妓院

選自《點石齋畫報》。講的是一群賭徒突然闖入上海富仙堂妓院尋釁鬧事，毆打他人。這批狂妄之徒是貴家子弟出身，卻有如此流氓行徑，令人驚嘆。

肉人民，還把持官府，驅逐長官。據說，宋代的三司有一個胥魁，為人陰險，善弄權術，專權犯上。新任省副陳慣深感不平，想將其逐出。一日，陳慣欲請幾位女客，讓其備辦。胥魁翌日領一個頭上插有草標的女子，到皇城東華門外叫嚷：「為陳省副請女客，令監廚無錢陪備，今嫁此女子，要若干錢遂結。」此事被巡邏兵士暗報於皇帝，陳慣遂罷官，胥魁自此更加肆無忌憚。

明清之際的流氓活動有一個突出特點，就是皇室宗族子弟的無賴程度加深。當時的京師賭博之風日盛，宗族子弟往往嗜賭成性。這些人一旦輸光了手頭上的銀錢，就流竄到荒野之地，強奪農家孩童變賣，有時還「訛詐錢文，姦淫婦女」。老北京前三門外，經常聚集著一些流氓成性的貴族子弟，他們「三五成群，刁惡百出」。

各個時期的流氓行為乍看起來「風格」迥異，其實古往今來的流氓無不是欺凌幼弱，詐人錢財，以維持其空虛無聊的生活。他們是社會的敗類。

朋比為奸，沆瀣一氣

── 流氓集團的形成

　　歷史上，流氓集團大致在宋代就開始形成。這些流氓集團具有一定的規模，而且敢於公開活動，不避耳目。

　　宋代的社會經濟比較繁榮，尤其是在城市裡，酒樓、茶肆、食店、青樓櫛比鱗次，熱鬧非凡。人們的文化娛樂生活也很豐富，勾欄瓦肆遍布城市和鄉村。這些繁榮的市井為一些浪蕩子弟提供了遊樂的場所，因此一定程度上成為流氓集團產生的溫床。另外，大宋的統治者的行為也不甚檢點，如開國皇帝趙匡胤及其手下的很多將領都曾當過地痞、無賴。他們的子弟在這方面比其父輩有過之而無不及。這些都構成了產生流氓集團的客觀原因。

　　《南宋市肆記》記述了許多流氓集團的情況，尤其是對那些規模大、範圍廣的流氓集團敘述得頗為詳細，如蔣元廣流氓集團。蔣元廣是東陽一帶的惡少，家中有一些餘財，他便豢養了三十多個流氓，奸盜淫邪，禍亂當地，該縣的縣令都要讓他三分。一次，鄉紳許鏞的女傭在河邊洗衣服，被蔣與幾個地痞碰到，遂被姦污。事後，蔣元廣等人將其推入河中淹死，卻誣告許鏞虐待女傭致死。縣令拿蔣元廣沒有辦法，最後竟令許鏞支付給他若干銀錢將此案了結。許鏞憤懣不已，卻敢怒不敢言，不出數月抑鬱而終。

　　當時還有一個卜元一流氓集團，作惡多端，臭名昭著。卜元一本是一個在押的殺人犯，後因皇帝大赦天下而獲釋，但毫不收斂，作惡行徑更加肆無忌憚，以至於二百多個鄉民聯名告到府衙，列其罪狀：

　　一、姦污婦女，「匿崔家之女，強姦逾月乃放」，「占江八郎之婦，欺詐得賂乃還」，「奸徐三之妻，怒其夫間阻，則鋤其桑栽、害其條桑」；

　　二、搶劫，肆意掠奪街鄰的牌木、布、板、衣物、耕牛、雞犬、豬羊等；

三、殺人，先後殺死吳百五、姚四二等；

四、毀人財物，拆毀別人的舟船，掘他人祖墓，拆倒享亭……。

從鄉民的狀紙可以看出，卜元一等人真可謂罪大惡極。一天，該集團的頭人扮作「虞侯」，其手下扮作轎夫。八個人抬著虞侯來到淨慈寺，對蹲在路邊揣骨聽聲的瞎眼老嫗說：某府夫人麻煩你去一趟。於是這些人用轎子抬著老嫗向前走，路遇一家錦帛鋪，虞侯說：夫人囑咐代買十匹上好錦緞，勞您稍候片刻。說完，逕自與一轎夫入店中。過去一段時間，不見出來，剩下的轎夫說進去看看，也都不見了蹤影。快到晌午時，店主出來就向坐在轎中的老嫗討十匹錦緞的錢。老嫗大呼上當，悔之不及。

流氓集團自宋代產生以來，歷朝歷代基本上都沒有斷絕過，只是較清明的歷史時期，其活動會受到一些限制。但一旦條件成熟，他們又出來瘋狂作案，鬧得地方上雞犬不寧。

一貫道

民國年間淡水彩畫。一貫道是北京老天橋的一個流氓集團，當時有四個大壇，他們劃分勢力，各執一方。他們以「考色」、「考財」等手段，大肆敲詐、勒索道徒的財物，姦污青年女道徒。

流氓行徑流毒社會

—— 流氓的社會活動

　　到了宋、元、明、清時期，流氓基本上已經成為一個社會階層，其組織在局部地區也達到了一定規模。這些流氓不甘心停留在社會底層，而是千方百計地滲透到政治、經濟、軍事、文化等社會領域。

　　存在於社會諸領域的流氓活動更加攪亂了社會秩序，甚至於直接腐蝕著國家機體，使之日益腐敗。如宋代的流氓就廣泛地參與到國家的政治生活中，甚至充當官家和賣官鬻爵的中間人。在南宋的首都臨安，流氓們就有許多從事「水功德局」的職業，即以覓舉、訟事、遷移、恩澤、交易、求官等名目，詐取錢財，中飽私囊。當時有一位人稱「沈官人」的政治流氓，手下豢養著一批走卒，專門把持杭州地方的選官。

　　宋代的流氓還不斷地往軍隊中滲透，有時專管招募軍隊的官員本身就是流氓出身，這就更加速了軍隊官兵的流氓化。1224年，趙范任安撫副使，招募了三千騎兵，結果還沒等集合到一起，這些兵士就開始欺壓百姓，惹了不少禍端。後來經查這些人十之七八原來就是地痞流氓。宰相司馬光對此深表憂慮，而韓琦卻不以為然，還說這些人無親無故，讓他們上戰場，不會想念父子、兄弟、妻室兒女，戰鬥力會更強。這種謬論讓人哭笑不得。

　　元代的經濟領域活躍著相當數量的流氓。他們把持關隘、埠頭、壩閘，肆意敲詐百姓錢財。高榮孫描述了當時的情景：「江河壩閘攔載人等，故用損船繩纜，名為盤淺，阻截民船，及河岸設立部頭把隘，軍人假名辨驗，刁蹬客旅，取要錢物。」另外，在元代的羊市之中也時常出沒三三兩兩的「流氓無賴」使用下作手法把持牙行，借機向客商勒索錢物。元代的大都由於土質差，不產什麼糧食作物，都依賴客商販運。面對這些流氓的刁難，客商們無不叫苦不迭。但也只在流氓活動

過於猖獗時，地方官才出面暫時緩解矛盾。刑部曾專門發文敕令嚴禁流氓無賴在埠頭、河岸、關隘等處騷擾客商，但流氓無賴置若罔聞，仍繼續在這些地方敲詐勒索。

明清兩代的流氓不甘寂寞，「踴躍」參加各種社會文化活動。他們或透過把持迎神賽會，或透過積極攛掇民間的節日慶典活動，或透過非法介入「三巡會」收斂一些錢財，然後揮霍無度。在這些活動中，他們打架鬥毆，輕薄無賴，趁機調戲民間婦女。尤其是在元宵節等婦女雲集的節日，流氓全都混進人群，找姑娘、媳婦作樂。老實一點的，對婦女擠眉弄眼；刁鑽膽大的專門朝女人堆裡擠，親嘴摸胸，摳臀捏手，占婦女的便宜。

流氓活動朝著各個社會領域滲透、擴展，一方面嚴重地敗壞了社會風氣，使得世風日下，人心不古；另一方面，流氓充斥著關鍵的社會職能部門，使封建國家機器加速腐朽，社會政治更加腐敗。

賊膽如天

選自《點石齋畫報》。講的是：蘇州一戶人家新娶了媳婦，嫁妝極多。賊入室偷竊珠寶若干，膽子真不小，竟天天來揭瓦偷竊，後被發覺追趕。

昔日的「輝煌」見證
—— 歷代流氓大亨

　　流氓，歷代都有。不過先秦的「游俠」、「惡少」都算不上什麼大亨，歷數流氓大亨，還得從秦漢之際的劉邦說起。

　　堂而皇之的漢高祖——劉邦，在其發跡之前確實是一個不折不扣的大流氓。關於這一點，睢景臣的《高祖還鄉》描寫的淋漓盡致。文中說他「春采了俺桑，冬借了俺粟。零支了米麥無重數，⋯⋯還酒債偷量了豆幾斛」。可見，早年的劉邦慣於欺詐和偷竊，即便是做了亭長，也仍然是「少我的錢，差發內旋撥還；欠我的粟，稅糧中私准除」。顯然，劉邦假公濟私，就連正史也多有沛公「貪財好美姬」的記載。劉邦還把這種流氓習氣帶到政治上，大耍流氓手腕，最終平秦滅楚，建立了大漢王朝，卻不能掩蓋其早期的流氓行徑。

　　魏晉南北朝時期的流氓大亨當數晉代的周處。據說，周處很小就成為了孤兒，長大後臂力過人，喜好騎射，但品行惡劣，橫行鄉里。鄉民畏之如虎，經常把他與南山的猛虎和長橋的蛟龍並稱為三害。有人唆使他去擒龍殺虎，他照著做了。很快地，周處凱旋而歸，而正當他要向鄉民報喜之時，卻發現人們正在互相慶賀，他前去打聽。有不認識他的人說，周處要降龍伏虎，已經去了許久，今不見回音，想必被龍或虎給吃掉了，三害少了一害，於是就在慶祝。周處覺得顏面盡失，自此以後痛改前非，重新做人。

　　隋唐五代時期的流氓大亨是李績和朱溫。李績是唐朝的大將，對自己從前的流氓行為毫不諱言，常對人言：「吾十二、三歲時為無賴賊，逢人便殺；十四、五歲為難多賊，有不快意則殺；十七八為佳賊，臨降乃殺；二十為大將，用兵以救人。」從他的一段自述可以想見當初他的流氓行徑非同一般。梁太祖朱溫也是一個十足的

大流氓，不只是在少年時，成年後執掌大權仍然惡習不改。他的大將張全義在前方為其賣命，他卻趁張不在時對這位赤膽忠心的大將的「妻女皆迫淫之」。這種身為一國之君而姦淫其大臣妻女的流氓行徑，在歷史上不多見。

提及宋元時期的流氓大亨，高俅是不容錯過的。他本是東京汴梁一個破落人家的浮浪子弟，不務正業，誘王

杜月笙像

二十世紀三、四十年代上海青幫的主要主目之一。曾販賣鴉片，欺壓人民。

員外的兒子吃喝嫖賭，揮霍無度，被府尹重打二十脊杖，發配遠方。後來皇帝大赦天下，他得以回到東京，幾經周折投到小王都太尉門下。在替小王都太尉給端王送禮的當口，討得了端王的歡心。端王後被立為太子，當上皇帝，高俅自此平步青雲，成為殿帥府太尉。儘管此時的高俅已經位極人臣，但在人們心目中仍然是一個流氓。

明末清初時候，出現了臭名昭著的流氓組織——青洪幫。這一時期的流氓大亨多出於該流氓集團，如青幫的創立者翁岩、錢堅和潘清等人。但青洪幫最為出名的大亨還不是他們，而是近代的杜月笙（1888－1951年）。他原名月生，又名鏞，後改月笙，江蘇川沙（今上海浦東新區）人。杜月笙於1911年加入「八股黨」，販賣黑貨，很快加入黃金榮門下，並與之結拜，合開三鑫公司，網羅黨羽，借助殖民勢力，欺壓人民，販賣鴉片。不久，杜月笙成為上海青幫的主要頭目之一。在1927年的「四‧一二」政變中幫助蔣介石排除異己。之後歷任國民黨政府諮議、上海棉布交易所經理。1937年與戴笠組織「忠義救國軍」。1941年在重慶成立中華實業信託公司。1945年返回上海，著手整頓、擴大流氓組織恒社。1949年上海解放前夕，潛逃香港。

【圖解世界史叢書】

由影響歷史發展的500個精采故事組成，
搭配3000幅珍貴歷史圖片，再現人類文明的發展進程，
是您書櫃上必備的精緻世界史簡明百科！

圖解世界史【古代卷】
—文明的起源和繁榮

西元前3500年至西元475年
史前文明到羅馬帝國的世界故事
郭豫斌◎主編　定價350元　特價269元

圖解世界史【中古卷】
—黎明前的黑暗

西元476年至西元1500年
羅馬帝國的衰落到宗教改革興起的世界故事
郭豫斌◎主編　定價350元　特價269元

圖解世界史【近代卷上】
—啟蒙與革命

西元1501年至西元1793年
文藝復興誕生到法國大革命爆發的世界故事
郭豫斌◎主編　定價339元

圖解世界史【近代卷下】
—民主與統一

西元1794年至西元1889年
拿破崙叱吒歐洲到電氣時代來臨的世界故事
郭豫斌◎主編　定價339元

圖解世界史【現代卷】
—對抗與競爭

西元前1890年至西元2007年
歐洲舊勢力衰落到今日科技文明飛躍的世界故事
郭豫斌◎主編　定價339元

A Dream of Red Mansions

【圖說經典】經典的重生

最豐富的圖文搭配，給你全方位的經典解讀

《紅樓夢》 一 至 六 冊

原著◎曹雪芹、高鶚　編撰◎侯桂新

紅樓夢爲中國四大古典小說之首，兩百五十年來
閱讀《紅樓夢》的熱潮並未消退……

你說你讀過莎士比亞的《哈姆雷特》，或是但丁的《神曲》、歌德《浮士德》、雨果
《悲慘世界》，但如果不曾讀過足以與世界文學經典名著競逐的《紅樓夢》，請不要跟
他人說你的嗜好是閱讀。

全套共分六冊，具備六大特點：

＊將一百二十回原典分爲六分冊，便於翻閱。
＊選收不同名家評點，以「百家爭鳴」拓寬讀者思路。
＊平均每回數十個注釋，解釋艱難字詞。
＊以說明性和評點性的詳細圖說，提供讀者理解。
＊共選名家繪圖與相關照片約上千張精緻彩圖。
＊版面美觀流暢、閱讀性強，隨原文掌握注釋、評點。

《紅樓夢一　風月寶鑑》
《紅樓夢二　兒女詩情》
《紅樓夢三　義結金蘭》
《紅樓夢四　悲情尤物》
《紅樓夢五　黛玉魂歸》
《紅樓夢六　諸芳流散》

國家圖書館出版品預行編目資料

三教九流／翟文明 編著.
—初版.—臺中市:好讀,2007[民96]
面： 公分，——（圖說歷史：15）

ISBN 978-986-178-071-9（平裝）

1.社會階層 2.職業 3.社會史 4.中國

546.192 96019439

好讀出版

圖說歷史15

三教九流

編著／翟文明
總編輯／鄧茵茵
文字編輯／葉孟慈
美術編輯／藝點創意設計
發行所／好讀出版有限公司
台中市407西屯區何厝里19鄰大有街13號
TEL:04-23157795　FAX:04-23144188
http://howdo.morningstar.com.tw
（如對本書編輯或內容有意見，請來電或上網告訴我們）
法律顧問／甘龍強律師
承製／知己圖書股份有限公司　TEL:04-23581803

總經銷／知己圖書股份有限公司
http://www.morningstar.com.tw
e-mail:service@morningstar.com.tw
郵政劃撥：15060393　知己圖書股份有限公司
台北公司：台北市106羅斯福路二段95號4樓之3
TEL:02-23672044　FAX:02-23635741
台中公司：台中市407工業區30路1號
TEL:04-23595820　FAX:04-23597123
（如有破損或裝訂錯誤，請寄回知己圖書台中公司更換）

初版／西元2007年11月1日
定價：320元

Published by How Do Publishing Co., Ltd.
2007 Printed in Taiwan
ISBN 978-986-178-071-9

讀者回函

只要寄回本回函，就能不定時收到晨星出版集團最新電子報及相關優惠活動訊息，並有機會參加抽獎，獲得贈書。因此有電子信箱的讀者，千萬別吝於寫上你的信箱地址

書名：**三教九流－圖說古中國職人排行榜**

姓名：＿＿＿＿＿＿＿ 性別：□男□女 生日：＿＿年＿＿月＿＿日

教育程度：＿＿＿＿＿＿＿＿＿＿＿

職業：□學生 □教師 □一般職員 □企業主管

　　　□家庭主婦 □自由業 □醫護 □軍警 □其他＿＿＿＿＿＿＿＿＿

電子郵件信箱（e-mail）：＿＿＿＿＿＿＿＿ 電話：＿＿＿＿＿＿

聯絡地址：□□□＿＿＿＿＿＿＿＿＿＿＿＿＿＿＿＿＿＿＿＿＿

你怎麼發現這本書的？

□書店 □網路書店（哪一個？）＿＿＿＿＿＿＿□朋友推薦 □學校選書

□報章雜誌報導 □其他＿＿＿＿＿＿＿＿＿＿＿＿＿＿＿＿＿＿

買這本書的原因是：＿＿＿＿＿＿＿＿＿＿＿＿＿＿＿

□內容題材深得我心 □價格便宜 □封面與內頁設計很優 □其他＿＿＿＿

你對這本書還有其他意見嗎？請通通告訴我們：

＿＿＿＿＿＿＿＿＿＿＿＿＿＿＿＿＿＿＿＿＿＿＿＿＿＿＿＿＿

你買過幾本好讀的書？（不包括現在這一本）

□沒買過 □ 1～5 本 □ 6～10 本 □ 11～20 本 □太多了

你希望能如何得到更多好讀的出版訊息？

□常寄電子報 □網站常常更新 □常在報章雜誌上看到好讀新書消息

□我有更棒的想法＿＿＿＿＿＿＿＿＿＿＿＿＿＿＿＿＿＿

最後請推薦五個閱讀同好的姓名與 E-mail，讓他們也能收到好讀的近期書訊：

1.＿＿＿＿＿＿＿＿＿＿＿＿＿＿＿＿＿＿＿＿＿＿＿＿＿＿

2.＿＿＿＿＿＿＿＿＿＿＿＿＿＿＿＿＿＿＿＿＿＿＿＿＿＿

3.＿＿＿＿＿＿＿＿＿＿＿＿＿＿＿＿＿＿＿＿＿＿＿＿＿＿

4.＿＿＿＿＿＿＿＿＿＿＿＿＿＿＿＿＿＿＿＿＿＿＿＿＿＿

5.＿＿＿＿＿＿＿＿＿＿＿＿＿＿＿＿＿＿＿＿＿＿＿＿＿＿

我們確實接收到你對好讀的心意了，再次感謝你抽空填寫這份回函

請有空時上網或來信與我們交換意見，好讀出版有限公司編輯部同仁感謝你！

好讀的部落格：http://howdo.morningstar.com.tw/

購買好讀出版書籍的方法：

一、先請你上晨星網路書店http://www.morningstar.com.tw檢索書目或

　　直接在網上購買

二、以郵政劃撥購書：帳號15060393　戶名：知己圖書股份有限公司

　　並在通信欄中註明你想買的書名與數量。

三、大量訂購者可直接以客服專線洽詢，有專人爲您服務：

　　客服專線：04-23595819轉230　傳眞：04-23597123

四、客服信箱：service@morningstar.com.tw